I0790616

Marcus Deminco

Marcus Deminco

Was ist Glück und was ist sein Gegensatz, die Traurigkeit? Jeder Einzelne kann das Konzept hinterlegen, das er möchte, denn jeder hat seinen eigenen Hintergrund gelebter Erfahrungen, den er von Zeit zu Zeit nicht einmal selbst zu interpretieren weiß. Die Sammlung dieser guten und schlechten Zeiten festigt unsere Persönlichkeit, in dem Maße als sie unsere Stunden aufbaut. Ich frage: und in der Fülle der Traurigkeit, was repräsentiert jeder Tag? In Anbetracht, dass dieser Tag endlos scheint. (Johann Goethe)

Übersetzung von Stefan Kächele
Copyright © 2020 - Marcus Deminco
Alle Rechte vorbehalten | Salvador - Bahia - Brasilien
ISBN: 9781657381773
Unabhängig veröffentlicht

Formatierung, Layout & Konvertierung als Ebook
Marlon Bellator
md.bellator@gmail.com
Cover-Erstellung
Erick Cerqueira (Marketing & Design)
http://esc3d.com.br

D395s

Deminco, Marcus

Bipolare Störung – Grundprinzipien / Marcus Deminco – 1ª ed. – Salvador : Independently Published, 2020. Übersetzung von Stefan Kächele.
Marcus Deminco, 2020.
123 p.

ISBN: 9781657381773

1. Depression, Hypomanie, Manie, Zyklothymia. 2. Psychologie. : Affektive Störung, Stimmungsstörung. Grundprinzipien, Bipolare Störung:.
I.,. II. Título.

CDD-658.45
CDU: 811.134.3

Vom Universitätsbibliothekssystem (SIBI / UFBA) erstellter Katalogeintrag

Bipolare Störung

Grundprinzipien

Marcus Deminco

Marcus Deminco

Inhaltsverzeichnis

Historische Aspekte

Die Begriffe „Manie" und „Melancholie" stammen aus der Zeit von mehreren Jahrhunderten vor Christus und entsprechen auch heute noch in etwa ihren ursprünglichen Vorstellungen. Obwohl sie in ihren Hauptaspekten umfassender und ungenauer sind, ähneln sie Beschreibungen der heutigen bipolaren Störung. Studien des Altertums zeigen, dass es Araeteus von Kappadokien war, der im ersten Jahrhundert nach Christus in Alexandria lebte und die wichtigsten Texte verfasste, die bis heute über die Gestalt der manisch-depressiven Krankheit existieren. In Kapitel V seines Buches "Zur Ätiologie und Symptomatik chronischer Krankheiten" schrieb Araeteus: "Ich denke, Melancholie ist der Anfang und als solcher ein Teil des Wahnsinns (Manie). Die Entwicklung von Manie ist das Ergebnis einer Verschlechterung der Melancholie, anstatt sich in eine andere Krankheit zu verwandeln." Noch genauer schrieb er: "Bei den meisten melancholischen Menschen wird die Traurigkeit nach verschiedenen Zeiträumen besser und verwandelt sich in Freude. Die Patienten entwickeln dann eine sogenannte Manie." (AKISKAL, 1996, bei DEL-PORTO; DEL -PORTO, 2005).

In der Antike beschrieb Hippokrates schon die Melancholie (als Synonym für Depression) und die Manie, aber schlug nicht die Verbindung zwischen den beiden Bildern vor. Seiner Meinung nach beruhten die Schwankungen auf dem Ungleichgewicht von Körperflüssigkeiten, sogenannten Stimmungen (Humor), und darum könnten sie zyklische Veränderungen zeigen, die mit Veränderungen der emotionalen Zustände einhergehen könnten. Diese Theorie hielt an, bis im neunzehnten Jahrhundert einige Beschreibungen zyklischer Bilder der Stimmungen aufkamen, die nahelegten, dass sie unterschiedliche Formen einer einzigen Krankheit darstellen würden. Unweit des modernen Konzepts des „manisch-depressiven Wahnsinns" beschrieb der französische Psychiater und Neurologe Jules Baillarger ebenfalls in der Mitte des neunzehnten Jahrhunderts eine neue Art des Wahnsinns, genannt "La folie à double forme" (doppelte Form des Wahnsinns), deren Hauptmerkmal das Auftreten von Manie- und Depressionserscheinungen bei demselben Patienten war. (ANGST, 2001 bei ALCANTARA, 2003).

Im vergangenen Jahrhundert trennte der deutsche Psychiater Emil Kraepelin die frühen Demenzen (später Schizophrenie genannt) von der manisch-depressiven Psychose (Geisteskrankheit, hier konkreter: Gemütsleiden). Er argumentierte, dass PMDs aus einer Reihe von Krankheiten bestanden, deren auffälligste Symptome Stimmungsschwankungen waren. Es wurde nicht zwischen Menschen mit Depressionen und solchen mit Manie Symptomen unterscheiden. Alle wurden als PMD – Patienten eingestuft und gleich behandelt. Es war, als gäbe es zwei Pole: Patienten mit reiner Depression und reiner Manie, und in der Mitte befänden sich die meisten der Patienten mit verschiedenen Anteilen von Depression und Manie. Bereits in der 8. Auflage seines Buches „Psychiatrie: Ein Lehrbuch für Studierende und Ärzte" (1910 bei DEL-PORTO; DEL-PORTO, 2005) klassifizierte Kraepelin Mischzustände mit großer Ähnlichkeit der aktuellen Bilder in ihrer Klassifikation von Mischzuständen. (Tabelle 1).

ARTEN	STIMMUNG	AKTIVITÄT	DENKEN
Ängstliche oder Depressive Manie	—	+	+
Erregte Depression	—	+	—
Manie Mit Einschränkung des Denkens	+	+	—
Manie Mit Psychotischen Symptomen	+	—	—
Depression Mit Flucht der Ideen	—	—	+
Gehemmte Manie	+	—	+

Tabelle 1. Klassifizierung von Mischzuständen (KRAEPELIN, 1910, bei ebenda).

Es gab jedoch erst in den 1950 er Jahren die Tendenz, die Menschen, die Manie und Depression zeigten, von denen zu trennen, die nur depressive Episoden hatten; sie nannten das erstere bipolar und das letztere unipolar. Studien zeigten, dass Patienten mit unipolarer Depression mehr Familienmitglieder mit depressiven Symptomen hatten, während bipolare Patienten mehr Verwandte mit den gleichen Symptomen hatten. Die unipolare Manie wurde dann in das Konzept der „Bipolaren Störung" integriert. Später wurde dann eine Unterteilung in der Unterscheidung von Patienten innerhalb dieses Spektrums gebräuchlicher: Typ bipolar I (Manie und Depressionen) und Typ bipolar II (Hypomanie und Depressionen). Abgesehen von der bipolaren Störung ohne weitere Spezifikation (NOS): Störungen mit bipolaren Aspekten, die die Kriterien für einen bestimmten BS-Subtyp nicht erfüllt. (DSM-V nach LAMBERT, 2006).

Das Konzept der unipolaren "Depression", die auch als "schwere Depression" bezeichnet wird, verbreitete sich schließlich und erleichterte die Diagnose von Depressionen, die zunehmend von Ärzten anderer Fachrichtungen oder anderen Gesundheitsexperten durchgeführt wurden. Der Begriff „bipolares Spektrum" setzt sich heute in wissenschaftlichen Kreisen durch und verbreitet sich zunehmend in den Medien. Der Name ähnelt Geistern oder Albträumen, aber er definiert auch eines der Hauptmerkmale der Störung: die Variation der Zustände. Nach diesem Konzept bezieht sich das bipolare Spektrum auf die Bandbreite der klinischen Darstellungen der Krankheit, die von Pol zu Pol reichen kann, von einer reinen unipolaren Depression bis zu Depression mit Episoden von Hypomanie, Depression mit Manie bis hin zu reiner Manie.

Für diese Störung werden zwei Bezeichnungen verwendet: Bipolare affektive Störung und Bipolare Stimmungsstörung, wobei letztere derzeit als der am besten geeigneten Begriff angesehen wird. Dieser Unterschied in der Nomenklatur ist auf die technisch unterschiedlichen Konzepte von Affekt und Stimmung (Humor) zurückzuführen. Einfach ausgedrückt bezieht sich der erste auf die Emotionen, die schnell auftreten, wenn sich eine bestimmte Situation ändert - mit dem Gefühl der Freude, wenn man ein Geschenk erhält, der Trauer, zu wissen, dass man bei einem Test schlecht war, und der Verärgerung in dem Moment, in dem die gegnerische Mannschaft ein Tor erzielt in einem Meisterschaftsfinale oder der Angst, wenn plötzlich ein Schmerz auftritt und die Möglichkeit einer schweren Krankheit in Betracht gezogen wird.

Stimmungen beziehen sich auf längere emotionale Zustände, die Stunden, Tage oder Wochen andauern und das Denken und Handeln eines Individuums beeinflussen können. Ein Beispiel wäre depressive Stimmung. Wir können uns dieses Bild unter anderem folgendermaßen vorstellen: Man wacht ohne ersichtlichen Grund mehrere Tage hintereinander mit Bestürzung auf, als wäre Traurigkeit der Hintergrund seines Lebens; die Eindrücke von sich selbst werden negativer und kritischer, oder man glaubt, dass Kollegen oder Verwandte einen negativ und abwertend bewerten.

Das Konzept der „Bipolaren Störung" konzentriert sich auf Stimmungsänderungen - einer der Pole ist die depressive Stimmung und der andere - die euphorische. Es ist jedoch nicht nur die Stimmung, die sich bei der bipolaren Störung ändert. Viele andere Gehirn- und extrazerebrale Funktionen unterliegen

Veränderungen, wie z. B. solche im Zusammenhang mit biologischen Rhythmen, der Steuerung von Körperbewegungen (vorwiegend Erregung oder Verlangsamung des Körpers), den Funktionen des Gedächtnisses und der mentalen Konzentration, der Impulsivität und des Vergnügens, ebenso mit den kleinen Dingen im Leben (Pflege des Hauses, Hobbys) wie mit dem sexuellen Verlangen. Die BS wird am besten als die Krankheit der Instabilitäten verstanden, wobei die Stimmung am auffälligsten ist.

Definition und Prävalenz

Die bipolare Störung (BS), auch als "bipolare affektive Störung" bekannt und ursprünglich als "manisch-depressiver Wahnsinn" bezeichnet, ist eine psychiatrische Erkrankung, die durch starke Stimmungsschwankungen gekennzeichnet ist, die Perioden hoher Stimmung und der Depression (entgegengesetzte Pole der affektiven Erfahrung) umfassen, die von Remissionsperioden durchsetzt sind und mit spezifischen kognitiven, physischen und Verhaltenssymptomen assoziiert sind. (SAUBER, 2015).

Laut dem neuen globalen Bericht der Weltgesundheitsorganisation (WHO, 2016) stieg die Zahl der Menschen mit Depressionen zwischen 2005 und 2015 um 18%. In diesem Zusammenhang ist die bipolare Störung (BS) eine relativ häufige psychiatrische Erkrankung, es handelt sich um eine chronische Krankheit. die zwischen 1% und 2% der Bevölkerung betrifft und eine der Hauptursachen für Behinderungen in der Welt darstellt. Schätzungsweise 4% der erwachsenen Weltbevölkerung leiden an einer bipolaren Störung. Die brasilianische Vereinigung für bipolare Störungen (ABBS, 2016) bestätigt, dass diese Prävalenz auch für Brasilien gilt, was etwa 6 Millionen Menschen in diesem Land betrifft.

Gemäß der 10. Überarbeitung der Internationalen statistischen Klassifikation von Krankheiten und verwandten Gesundheitsproblemen (ICD-10) ist die bipolare affektive Störung durch das Vorhandensein von zwei oder mehr Episoden gekennzeichnet, in denen das Stimmungsniveau und die Aktivitäten des Patienten erheblich gestört sind. Oszillierend zwischen Episoden von Stimmungserhöhung und gesteigerter Energie und Aktivität (Hypomanie oder Manie) und Phasen verminderter Stimmung und verminderter Energie und Aktivität (Depression). Im Allgemeinen ist ICD-10 auch der Ansicht, dass die bipolare affektive Störung (F31) gemäß der Art der aktuellen Episode als hypomanisch, manisch oder depressiv unterteilt werden sollte. Die manischen Episoden werden je nach dem Vorhandensein oder Fehlen von psychotischen Symptomen unterteilt, während depressive Episoden als leicht, mittelschwer oder schwer eingestuft werden. Leichte und mittelschwere Episoden können nach Vorhandensein oder Nichtvorhandensein von somatischen Symptomen klassifiziert werden. Schwere Episoden werden je nach dem Vorhandensein oder Fehlen von psychotischen Symptomen unterteilt.

Für die 5. Ausgabe des Handbuchs zur Diagnose und Statistik von psychischen Störungen (DSM-V) unterscheidet sich die Störung jedoch in zwei Haupttypen: Typ I, bei dem die

Stimmungserhöhung schwerwiegend ist und anhält (Manie), und Typ II, bei dem die Stimmungserhöhung milder ist (Hypomanie). Die Verwendung der Bezeichnung „gemischte Merkmale" gilt für Zustände, in denen gleichzeitig manische und depressive Symptome auftreten, die jedoch als gegensätzliche Stimmungspole angesehen werden. Die zyklothymische Störung ist gekennzeichnet durch den Wechsel zwischen hypomanischen und depressiven Perioden über mindestens zwei Jahre bei Erwachsenen (oder ein Jahr bei Kindern), ohne jedoch die Kriterien für eine Manie-, Hypomanie- oder schwere Depressions-Episode zu erfüllen. Das DSM enthält auch die Kategorie „Sonstige bipolare Störung und spezifizierte verwandte Störung" zur Klassifizierung atypischer Zustände, gekennzeichnet durch das Auftreten von Symptomen, die nicht die Mindestdauer und -häufigkeitskriterien für die Charakterisierung einer Hypomanie-Episode erfüllen.

Schätzungen der Weltgesundheitsorganisation (WHO) zufolge sind weltweit etwa 30 Millionen Menschen von der BS betroffen, eine der Hauptursachen für Behinderungen. Daten aus einer kombinierten Stichprobe von elf Ländern zeigten, dass die Lebenszeitprävalenzraten von Bipolarer Störung I (BS-I), Bipolarer Störung II (BS-II), Subsyndromischer Bipolarer Störung (BS-Sub) und des bipolaren Spektrums (EB) 0,6%, 0,4%, 1,4% bzw. 2,4% betrug. Die jährlichen Prävalenzraten von BS-I, BS-II, BS-Sub und EB sanken auf 0,4%, 0,3%, 0,8% bzw. 1,5%. In Brasilien, genauer gesagt in der Stadt São Paulo, betrug die Lebenszeitprävalenz von BS (ohne Unterscheidung der Subtypen) 1% und die jährliche Prävalenz 0,5%. Die Sterblichkeitsrate ist ebenfalls hoch und die häufigste Sterblichkeitsrate unter den betroffenen Jugendlichen ist

Selbstmord. Etwa 25% der Bevölkerung von Jugendlichen mit BS zeigen Selbstmordverhalten. Eine große Anzahl von Patienten greift auch auf Alkohol- und / oder Drogenkonsum zurück, was die Symptome weiter verschärft. (WALTERS, 2002 bei BOSAIPO; BORGES; JURUENA, 2016).

Bei Typ-II-Bipolar-Patienten entspricht mehr als 95% der Krankheitsdauer der depressiven Phase mit einigen wenigen BS-Merkmalen. Mit dieser Unterscheidung unipolar / bipolar wurden weitere Studien durchgeführt und es wurde beobachtet, dass es je bipolarem Patienten 20 unipolar Depressive gibt. Es stellte sich jedoch bald heraus, dass die meisten bipolaren Patienten anfangs depressive Episoden hatten, die die Diagnose verwirrten. Und ungefähr 20% des gesamten Unipolaren entwickelten sich schließlich zu bipolaren Bildern. Die unipolare / bipolare Klassifikation wurde offiziell sowohl in der 10. Ausgabe der Internationalen statistischen Klassifikation von Krankheiten und verwandten Gesundheitsproblemen (ICD-10) als auch in der 5. Veröffentlichung des Diagnose- und Statistikhandbuchs für psychische Störungen (DSM-V).

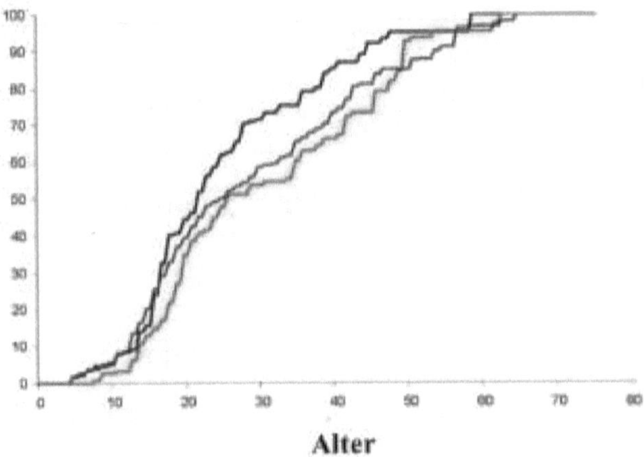

Abbildung 1. kumulativ Alter am Anfang Distributionen von das DSM Composite International Diagnostik Interview bipolare Störungen (BPDs) bei den Befragten Projiziert An Entwickeln Diese Störungen In Ihre Lebensdauer. Beginn Ist Definiert Als das beim ersten Auftreten eines manischen/hypomanischen oder eines schweren depressiven Episode

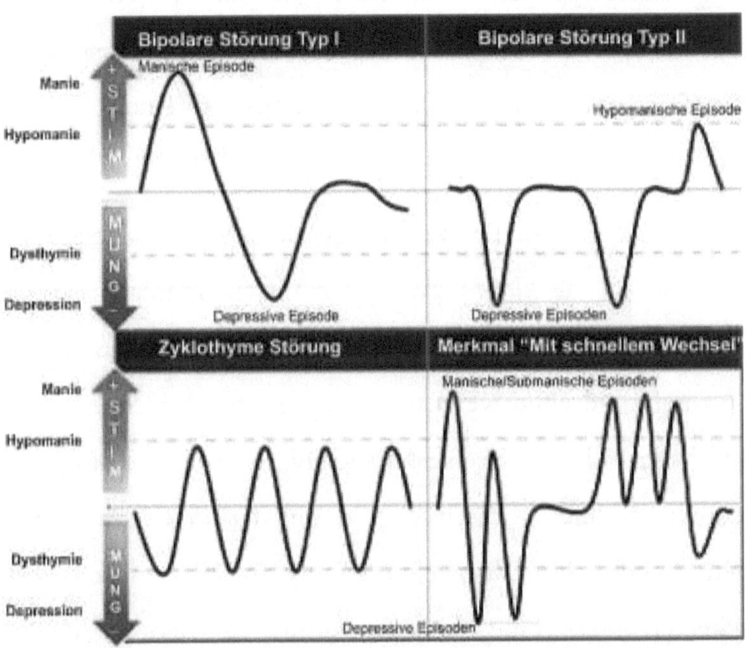

Abbildung 2. Verlauf der Haupt-BS-Subtypen, mit dem Merkmal „Schneller Wechsel". Dysthymie bezieht sich auf einen erniedrigten Stimmungszustand, der die Kriterien für die Symptomintensität einer depressiven Episode nicht erfüllt (STAHL, 2013 bei BOSAIPO; BORGES; JURUENA, 2016).

Die Phasen der Störung

Ein sehr gut beschriebener und systematisierter Aspekt der Störung ist die Definition von Stimmungskrisen, Phasen oder „Episoden", bei denen viele Symptome auftreten und die ein bestimmtes Bild definieren. In jüngster Zeit wurden die Merkmale untersucht und beschrieben, die zwischen Krisen auftreten, wie z. B. gereizte, hyperaktive, depressive, impulsive Temperamente und die täglichen Folgen dieser Art der Instabilität, wie Beziehungsschwierigkeiten, das Bleiben in einem Job oder die Aufrechterhaltung dauerhafter Freundschaften.

Obwohl die BS vier Arten von pathologischen Episoden umfasst, die als depressiv, hypomanisch, manisch und gemischt charakterisiert sind, kann es im Grunde genommen als depressive Störung angesehen werden, da die meisten Patienten den größten Teil ihres Lebens in diesem Krankheitspol verbringen. Es gibt jedoch mildere Formen der Manifestation dieser Episoden, in denen sich die Eigenschaften des Menschen zu vermischen scheinen und eine Grundstruktur zu bilden scheinen, ein Temperament, das sich in der Kindheit oder Jugend manifestiert und mit der „Seinsart" des Individuums verwechselt wird.

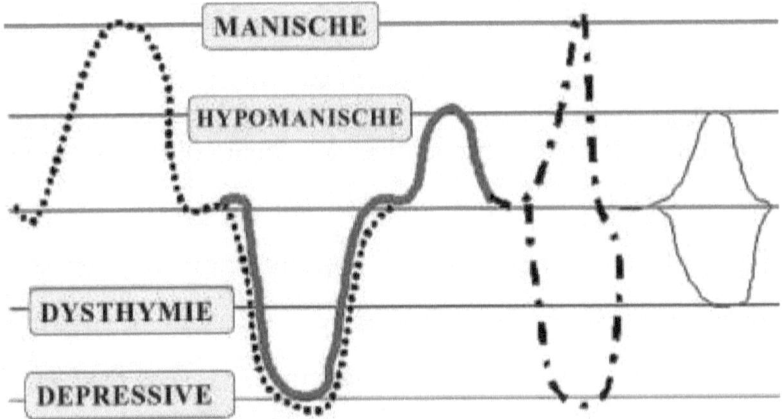

Abbildung 3. Grafische Darstellung von Stimmungsstörungen (STAHL, 2013 apud BOSAIPO, BORGES, JURUENA, 2016)

Depressive Episode

Neben der pathologischen Konnotation erinnert das Wort "Depression" häufig an die schlechten Lebensphasen, in manchen Zusammenhängen wird der Begriff weitgehend in Analogie zu Zeiten der Wirtschaftskrise verwendet. Es ist auch üblich geworden, das Wort als Synonym für Traurigkeit, Verzweiflung oder Angst zu verwenden.

Eine Depression wird häufig durch einen erheblichen Verlust ausgelöst, wie den Tod eines geliebten Menschen, den Verlust eines Arbeitsplatzes, eine Liebesenttäuschung oder sogar eine stressige Lebensphase aufgrund von Problemen mit der Arbeit oder der Familie. Aus klinischer Sicht wirkt sich Depression auf die Art und Weise aus, wie ein Individuum denkt, handelt und ist, und sollte als gesundheitliches Problem angesehen werden, das nicht nur das Gehirn und den psychischen Zustand betrifft, sondern auch praktisch den ganzen Organismus.

Die Traurigkeit, ein häufiges Merkmal von Depressionen, ist eine universelle Erfahrung. Es ist eine negative, unangenehm erlebte Emotion, so dass das Individuum in der Zukunft unangenehme Situationen meidet, um sie nicht noch einmal zu erleben. Allgemein können wir annehmen, dass ein Schüler, der in der Schule eine schlechte Note erreicht, aufgrund der Traurigkeit, die er in dieser Situation erfährt, sowie des damit verbundenen Scheiterns eine Neubewertung seiner Art des Studierens vornimmt, damit er keine schlechte Note mehr erhält. Nach einer solchen Theorie löst Traurigkeit eine introspektive Bewegung aus und die Menschen isolieren sich etwas von der Außenwelt, um sich neu zu "erkennen", und zu reflektieren, wie die unangenehme Situation passiert ist und wie es möglich sein könnte, eine Wiederholung zu verhindern. Auf diese Weise würde Traurigkeit im Reifungsprozess helfen und uns darauf vorbereiten, besser mit einem Leben umzugehen, das von Natur aus mit unvermeidlichen Verlusten und Frustrationen behaftet ist.

Sie kann im Alltag entstehen durch etwas Schlimmes, das sich ereignet hat, oder wenn Erinnerungen an vergangene Ereignisse sie provozieren. In diesen Fällen hat es im Allgemeinen eine geringe Intensität und eine kurze Dauer. Der beharrlichste Zustand, *depressive Stimmung* genannt, kontaminiert die Wahrnehmung dessen, was in diesem Zeitraum geschieht. Eine alltägliche Situation, wie das Betteln eines Kindes an einer Ecke, kann bei depressiver Stimmung als bedrückender empfunden werden, während zu einem anderen Zeitpunkt die gleiche Situation vorübergehendes Unwohlsein, Gleichgültigkeit oder sogar Wut hervorrufen würde.

Depressive Stimmung, die normalerweise mit einem Verlust verbunden ist, scheint oft mit körperlichen Beschwerden verbunden zu sein, wie z. B. einer Erkältung oder der prämenstruellen Phase. Es kann oft mit körperlichen Empfindungen wie Unruhe, Angstzuständen, Weinen, quälendem Druck oder Schweregefühl in der Brust einhergehen. Aber bis zu welchem Punkt kann dieses Gefühl als normal angesehen werden, und wann wird es pathologisch, das heißt ein Symptom für eine Depression?

Obwohl dies kein sehr genaues Kriterium ist, kann dessen Dauer berücksichtigt werden. Traurigkeit wird zum Beispiel besorgniserregend, wenn sie den größten Teil des Tages des Patienten ausmacht oder wenn sie an den meisten Tagen auftritt. Seine Intensität ist ein sehr ungenaues Kriterium, denn jeder hat sein eigenes "Maß", um sie zu bewerten, und was für den einen intensiv ist, ist für den anderen fast nicht wahrnehmbar. Darüber hinaus kann sie je nach Tageszeit variieren, wodurch die Wahrnehmung der Intensität verzerrt wird.

Eine Person, die schlechte Nachrichten erhält, erlebt möglicherweise tiefe Angst, die einige Minuten anhält, und wird sich dann erinnern, einen sehr traurigen Tag gehabt zu haben. Eine andere, die jeden Tag, fast immer, mäßige Trauer empfindet, mag diesen Tag als normal betrachten, genauso wie die vorherige oder letzte Woche, als sie ebenfalls traurig war. Wenn der Betroffene jedoch, oft aus Gründen, die nicht zu rechtfertigen sind, oder wenn er Angst empfindet, in einer Intensität, die schwer zu ertragen ist und die sein tägliches Leben eindeutig beeinflusst, weint, kann diese Traurigkeit als übermäßig angesehen werden. Im Allgemeinen fällt es den Menschen schwerer, die sogenannte normale Traurigkeit von ihrer pathologischen Manifestation (typisch für Depression) zu unterscheiden, wenn sie nach einem berechtigten Ereignis auftritt, wie dem Verlust eines geliebten Menschen, das eine intensivere und anhaltendere Traurigkeit vollständig rechtfertigen könnte.

Zwar besteht bei den meisten Menschen in dieser Art von Situation nach einigen Wochen oder Monaten (je nach Fall) die Tendenz, dass der Einzelne trotz der Schmerzen durch Verlust und Sehnsucht seine Aktivitäten wieder aufnimmt. Wenn diese Traurigkeit anhält und vor allem, wenn die Traurigkeit das eigene Leben beeinträchtigt, ist dies wahrscheinlich ein pathologisches Symptom. Oft hat der Betroffene Schwierigkeiten zuzugeben, dass er krank ist, und rechtfertigt seinen Zustand mit Argumenten wie Arbeitslosigkeit, Einsamkeit, finanziellen Schwierigkeiten oder Unverständnis seitens wichtiger Personen in seinem Leben. Was diese Person selten bemerkt, ist, dass andere ähnliche Umstände durchmachen und auf andere Weise reagieren können und dass viele dieser Situationen eher eine Folge als eine Ursache von Melancholie sein können.

> Die Patienten erwähnen oft das Gefühl, dass alles sinnlos oder unwichtig erscheint. Sie glauben, dass sie ihre Fähigkeit, Freude oder Vergnügen am Leben zu empfinden, irreversibel verloren haben. Alles scheint ihnen leer und langweilig, die Welt wird "ohne Farben", ohne Tönungen der Freude gesehen. Insbesondere bei Kindern und Jugendlichen kann die Stimmung eher gereizt oder "mürrisch" als traurig sein. Einige Patienten sind eher "apathisch" als traurig und beziehen sich oft auf das "Gefühl des Gefühlsmangels". Sie sind zum Beispiel nicht mehr begeistert von der Ankunft ihrer Enkelkinder oder dem Leiden eines geliebten Menschen und so weiter. Die Depressiven stellen oftmals eine Belastung für Familie und Freunde dar und beschwören oft den Tod, um diejenigen zu entlasten, die ihnen bei ihrer Krankheit helfen. Selbstmordgedanken sind häufig und furchterregend. Zu den Selbstmordmotiven zählen kognitive Verzerrungen (Wahrnehmung von Schwierigkeiten als endgültige und unüberwindbare Hindernisse, die Tendenz, die erlittenen Verluste zu überschätzen) und der intensive Wunsch, einen äußerst schmerzhaften und nie endenden emotionalen Zustand zu beenden. Wieder andere suchen den Tod, um ihre angebliche Schuld zu büßen. Suizidgedanken reichen von dem Wunsch, einfach tot zu sein, bis zu sorgfältigen Selbstmordplänen (Festlegung von Modus, Zeitpunkt und Ort für die Tat). Die Gedanken bezüglich des Todes sollten systematisch untersucht werden, da ein solches Vorgehen Selbstmordattentate verhindern und dem Patienten die Möglichkeit geben kann, sich darüber zu äußern. (WIDLÖCHER, 1983 bei DEL PORTO, 1999).

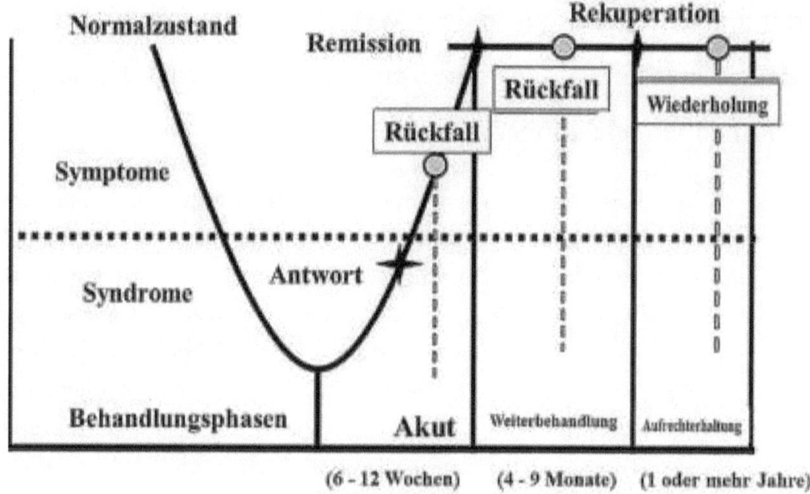

Abbildung 4. Behandlungsphasen während der depressiven Episode (KUPFER, 1991 bei FLECK, 2009).

Manische Episode

Das DSM definiert Manie als das Vorhandensein von mindestens einer Woche gereizter, expansiver oder erhöhter Stimmung, die mit drei oder mehr der folgenden Symptome verbunden ist, mit ausreichendem Schweregrad, um Funktionsstörungen zu verursachen (Arbeitsprobleme, Beziehungen, Notwendigkeit der Internierung, psychotische Symptome): Erhöhtes Selbstwertgefühl / Grandiosität, geringeres Schlafbedürfnis, gesprächiger / Druck zum Sprechen, schnelles Denken / Gedankenflucht, Zerstreuung, psychomotorische Unruhe / erhöhte Aktivität, übermäßige Beteiligung an lustvollen Aktivitäten, die katastrophale Folgen haben können. Hypomanie ist wiederum definiert durch das Vorhandensein einer anhaltend gereizten, expansiven oder erhöhten Stimmung über mindestens vier Tage, die mit mindestens drei der für Manie beschriebenen Symptome einhergeht, jedoch weniger schwerwiegend ist, ohne signifikante funktionelle Beeinträchtigung.

Der Begriff „Manie" wird von Laien gemeinhin als ungewöhnliches und sich wiederholendes Verhalten verstanden. Während „verrückt" eine Person beschreibt, deren Verhalten extrem von der akzeptierten Norm abweicht und gewöhnlich mit Perversionen in Verbindung gebracht wird. Für Angehörige der Gesundheitsberufe steht der Begriff „Manie" jedoch für den euphorischen Pol der Stimmungsstörung. Interessanterweise ist exzessive Euphorie in diesen Bildern zwar sehr charakteristisch und offensichtlich, aber nicht immer in einer manischen Episode vorhanden.

Die häufigsten Symptome sind Reizbarkeit (die zu gelegentlichen Aggressionen führen kann) und Hyperaktivität. Weitere Symptome für Manie sind ein geringeres Schlafbedürfnis, ein plötzlich erhöhtes Selbstwertgefühl, übermäßiges Sprechen, Schwierigkeiten, die Aufmerksamkeit zu fokussieren und lustvolle, aber gefährliche Aktivitäten wie Einkäufe und übermäßige Ausgaben, impulsive Handlungen, Drogenkonsum, Indiskretionen und vermehrte sexuelle Aktivität.

Der Patient in Manie nimmt die Veränderung selbst nicht wahr und hat den Eindruck, dass er sich sehr gut fühlt, als würde er die beste Phase seines Lebens erleben. Für ihn sind es die anderen, die Probleme haben. In einigen Fällen muss die Person in diesem Zustand mit erhöhter Aggressivität und Impulsivität vor sich selbst geschützt werden, da sie in dieser Phase der Störung möglicherweise in bestimmten Situationen Handlungen begeht, die sie in Zukunft bereuen wird. Es ist üblich, dass sich der Patient nach dem Ende einer manischen Krise seines Verhaltens schämt.

Euphorie kann als übermäßige und übertriebene Freude definiert werden, die unabhängig von äußeren Ereignissen aufrechterhalten wird. Die Person in diesem Zustand zeigt übertriebenen Optimismus und tritt sehr leicht mit Menschen in Beziehung, besonders wenn es um Fremde geht. In den schwersten Fällen glaubt man, berühmt werden zu können. Plötzliche Stimmungsschwankungen treten häufig auf: Wenn Sie sich beispielsweise an den Tod Ihrer Mutter erinnern, geraten Sie in Tränen und lachen nach einigen Minuten weiter.

Man versucht, viele Dinge auf einmal zu tun, hat Schwierigkeiten still zu stehen, kann sich nicht auf eine einzige Aktivität konzentrieren und ist leicht abzulenken. Einige weisen sogar auditive oder visuelle Illusionen auf und zeigen paranoides Verhalten. Diese Symptome können mit Schizophrenie verwechselt werden, insbesondere wenn sie zu Beginn der Krankheit auftreten. Wahrscheinlich können auch Angstzustände, Panikattacken (mit ausgeprägten körperlichen Beschwerden: Schwitzen, Herzrasen, Atemnot, Schwindel usw.) oder obsessive

Symptome auftreten. Nicht alle dieser Manifestationen treten in einer manischen Krise auf, können jedoch die Diagnose erschweren.

Technisch gesehen ist Hypomanie eine mildere Phase der Manie mit denselben Symptomen, jedoch weniger intensiv und offensichtlich. In der Praxis kann sie als „unsichtbar" betrachtet werden, da sie normalerweise unbemerkt bleibt und als Phase höherer Produktivität bei der Arbeit, Kreativität und Sozialisation interpretiert werden kann. Es gibt jedoch eine relevante Tatsache: Hypomanie ist ein Indikator dafür, dass die Person an einer bipolaren Störung leidet. Im Allgemeinen beginnt die Begeisterung abrupt und dauert von einigen Tagen bis zu einigen Wochen.

> Manische Episoden sind oft kürzer als depressive Episoden. Leider folgen auf manische Episoden oft depressive Episoden, die den Patienten auf eine emotionale Achterbahnfahrt bringen. Obwohl einige Patienten berichten, dass die Euphorie, die sie erfahren, wenn sie manisch sind, lohnend und angenehm sein kann, treten diese Episoden häufig mit hohen persönlichen Kosten auf. Sie wirken sich auf die Ehe, das Geschäft, die Finanzen und die Gesundheit der Patienten aus und führen zu Erschöpfung, gelegentlichem Substanzgebrauch und anderen riskanten Verhaltensweisen, die den Patienten häufig gefährden. Im Extremfall hat das manische Individuum ein höheres Risiko, an Herzkomplikationen zu sterben, und eine höhere Tendenz, beim Übergang von Manie zu Depression Selbstmord zu begehen, wenn es versteht, wie unangemessen sein Verhalten war (ANDREASEN und SCHWARZ, 2009).

Alkohol	Bromocriptine	Loxapin
Alpha-intereron	Captopril	Metoclopramid
Anabole Steroide	Cyklobenzaprin	Narkotika
Amphetamine	Ciclosporin	Ofloxazin
Antikonvulsiva	Chloroquin	Procarbazin
Antidepressiva	Corticosteroide	Propafenon
Baclophen	Dapsone	Pseudoephedrin
Barbiturate	Diethyltoluamid	Quinakrin
Benzodiazepine	Histamin-H2-Rezeptorenblocker	Schilddrüsenhormone
Betablocker	Kokain	Sulfonamide
Buspiron	L-Glutamin	Teophilin
		Ziovudin

Tabelle 2. Hauptsubstanzen im Zusammenhang mit Hypomanie und Manie. (DUBOVSKY und DUBOVSKY, 2004 bei MORENO; MORENO, 2005).

	PHASE I	PHASE II	PHASE III
Stimmung	Labil, euphorisch, reizbar bei Widerspruch	Dysphorie und Depression, feindlich und zornig	Offensichtlich dysphorisch, panisch, verzweifelt
Denken und Denkfähigkeit	Expansiv, selbstüberschätzend; überzuversichtlich; beschleunigtes Denken, zusammenhängend oder tangential; religiöse und sexuelle Sorgen	Gedankenflucht, Unorganisation, delirierende Gedanken	Inkohärent, weitläufige Assoziationen, bizarr, eigenwillig, Halluzinationen, ohne Orientierung, Querbezüge, delirierende Gedanken
Verhalten	Psychomotorische Beschleunigung, vermehrte diskursive Initiative, Ausgaben, Rauchen und übertriebene Telefonate	Hyperaktivität, stärkerer diskursiver Druck, physische Aggressionen	Hektische und bizarre Aktivität
Bezeichung	Submanie	Offensichtliche Manie	Delirierende Manie (Undifferenzierte Psychose)

Tabelle 3. Phasen der Manie. (Carlson und Goodwin, 1973, bei ebenda).

Gemischte Episoden

Die Symptome der bipolaren Störung treten nicht immer als Ganzes auf, wie es für Depressionen oder Manie / Hypomanie typisch ist. Manisches Verhalten kann mitten in einer depressiven Episode auftreten - und umgekehrt. Wenn diese "Mischung" besteht, werden Erkennung und Behandlung erschwert, mit depressiven Symptomen, bei denen Unruhe auftritt, die sich durch den Gebrauch von Antidepressiva verschlimmern kann, und Manien mit depressiven Ideen, die mit Depression verwechselt werden. Dies ist eine potenziell schwerwiegende Form der Störung, da bei einer Mischung aus Erregung und Todesgedanken mit hoher Impulsivität das Selbstmordrisiko enorm ist. Während einer gemischten Episode oder Zustands umfassen die Symptome häufig Unruhe, Schlafstörungen, starke Appetitveränderungen und Selbstmordgedanken. Menschen in einem gemischten Zustand fühlen sich möglicherweise sehr traurig oder hoffnungslos und gleichzeitig äußerst energiegeladen.

Eine gemischte Episode ist gekennzeichnet durch einen Zeitraum (mindestens 1 Woche), in dem die Kriterien sowohl für die Manische Episode als auch die Schwere Depressive Episode fast täglich erfüllt werden. Das Individuum erfährt einen raschen Stimmungswandel (Traurigkeit, Reizbarkeit, Euphorie), begleitet von den Symptomen einer manischen Episode und einer schweren depressiven Episode. Die symptomatische Darbietung beinhaltet häufig Unruhe, Schlaflosigkeit, Appetitstörung, psychotische Merkmale und Selbstmordgedanken. Die Störung muss schwerwiegend genug sein, um eine schwerwiegende Beeinträchtigung der sozialen oder beruflichen Funktionsfähigkeit oder einen Krankenhausaufenthalt zu verursachen, oder sie muss durch psychotische Merkmale gekennzeichnet sein. Die Störung beruht nicht auf direkten physiologischen Wirkungen einer Substanz (z. B. Drogenmissbrauch, Medikation oder andere Behandlung) oder einer allgemeinen Krankheit (z. B. Hyperthyreose). Symptome, die in einer gemischten Episode auftreten, können auf die direkten Wirkungen von Antidepressiva, Elektrokrampftherapie, Phototherapie oder Medikamenten zurückzuführen sein, die für andere allgemeine Erkrankungen verschrieben werden (z. B. Kortikosteroide).

Wenn eine Person mit rezidivierender Schwerer Depressiven Störung beispielsweise während der Behandlung mit Antidepressiva eine gemischte symptomatische Erkrankung entwickelt, lautet die Diagnose der Episode Substanzinduzierte Stimmungsstörung mit gemischten Merkmalen, und die Diagnose der Schweren Depressiven Störung wird nicht in bipolare Störung I geändert. Es gibt Hinweise auf die Existenz einer bipolaren „Diathese" bei Personen, die nach einer somatischen Behandlung von Depressionen gemischte Episoden entwickeln. Es ist wahrscheinlich, dass diese Personen in Zukunft häufiger manische, gemischte oder hypomanische Episoden haben, die nichts mit

Substanzen oder somatischen Behandlungen für Depressionen zu tun haben. Diese Überlegung kann für Kinder und Jugendliche besonders wichtig sein.

> Gemischte Episoden können aus einer manischen Episode oder einer schweren depressiven Episode hervorgehen oder neu auftauchen. Beispielsweise kann die Diagnose von bipolar I-Störung, jüngste manische Episode, geändert werden auf Bipolar I-Störung, jüngste gemischte Episode, wenn eine Person 3 Wochen lang manische Symptome aufweist, gefolgt von einer Woche mit manischen und depressiven Symptomen. Gemischte Episoden können von Wochen bis zu einigen Monaten andauern, bis zu einem Zeitraum ohne oder mit wenigen Symptomen oder bis zu einer Schweren Depressiven Episode. Seltener entwickelt sich eine gemischte Episode zu einer manischen Episode. (BALDAÇARA, 2015).

Daher bildete die Kombination von Veränderungen in diesen Bereichen das klinische Bild der Krankheit. In den reinen Manie- oder Depressionszuständen ändern sich die drei Bereiche in die gleiche Richtung. In typischer Manie zum Beispiel würde es eine Erhöhung der Stimmung, eine Flucht der Ideen und eine erhöhte motorische Aktivität geben; Bei einer typischen Depression kommt es zu trauriger Stimmung, Gedankenhemmung und psychomotorischer Langsamkeit. Im Gegensatz dazu werden diese Bereiche in den gemischten Zuständen in verschiedene Richtungen modifiziert, dh es würde eine Mischung aus Elementen des manischen Bildes und der Melancholie in den Bereichen Stimmung, Gedankengang und Psychomotorik geben.

Unter den gemischten Zuständen wurden sechs Typen unterschieden: depressive (oder ängstliche oder wütende) Manie, unproduktive Manie (oder mit Einschränkung des Denkens), gehemmte (motorisch gehemmte) Manie, Manie mit psychotischen Symptomen, Depression mit Gedankenflucht und erregte Depression. (DOYLE, 1998 bei CLEMENTE, 2015).

Es gibt jedoch Kontroversen über die Beziehung zwischen gemischten Zuständen und bipolaren Rapid-Cycling-Störungen. Es ist zweifelhaft, ob solche Phänomene demselben Vorgang entsprechen, der durch den raschen Stimmungswechsel gekennzeichnet ist, dh der gemischte Zustand würde tatsächlich einem extrem schnellen Wechselbild entsprechen; die am meisten akzeptierte Hypothese ist jedoch, dass sie unterschiedliche Phänomene darstellen. Man geht also davon aus, dass instabile Mischzustände vorliegen, dass sich gegensätzliche affektive Zustände rasch abwechseln, und dass dies mit der Geschwindigkeit der Schwankungen zusammenhängt, die sich von stabilen Mischzuständen unterscheidet, in denen die Symptome von Manie und Depression gleichzeitig vorliegen. (SCHWARTZMANN, 2004 bei CLEMENTE, 2015).

Depressives Temperament + Psychotische Manie	Zykloyhymisches Temperament + Schwere Depression	Hyperthymisches Temperament + Schwere Depression
Weinen	Depressive Stimmung	Unerbittliche Dysphorie
Selbstmordgedanken	Hyperphagie	Unruhe auf einem Hintergrund von
Erregbarkeit und Wut	Hypersomnie	Verlangsamung
Euphorie	Müdigkeit	extreme Müdigkeit
beschleunigte Gedanken	geringes Selbstbewusstsein	Panik und unbehandelbare
Selbstüberschätzung	beschleunigte Gedanken	Schlaflosigkeit
Übersexualisierung	Verspieltheit	Obsessionen und
schwere Schlaflosigkeit	Zornanfälle	suizidale Impulse
psychomotorische Unruhe	Gespanntheit	zeitweise sexuelle Erregung
Verfolgungswahn	Unruhe	Beschleunigung des Denkens
auditive Halluzinationen	Impulsive Übersexualisierung	theatralische Erscheinung
Verwirrung	andere enthemmte	(schlechte Ausdrücke und reines
Alkoholmissbrauch	Verhaltensweisen: Spiele,	Leiden)
	dramatische Selbstmordversuche	Missbrauch von Stimulantien und
	Missbrauch von Stimmungsanregern	Alkohol
	(inklusive Kaffee) und	
	Beruhigungsmittel-Hypnotika	
	(inklusive Alkohol)	

Tabelle 4. Klinisches Bild von Mischzuständen in Funktion des Temperaments (MARNEROS, 2001 bei MORENO, 2005).

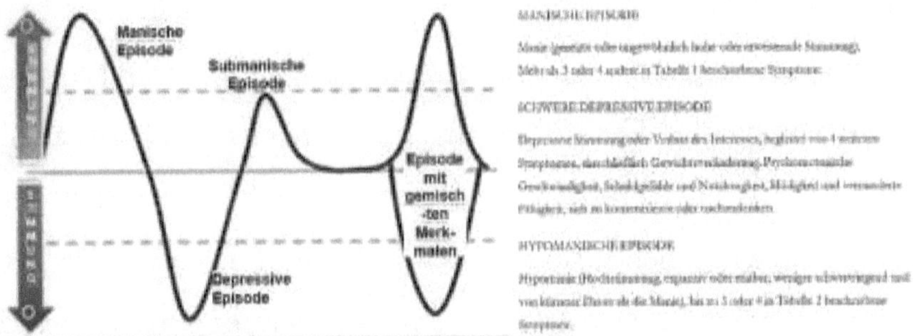

Abbildung 5. Stimmung-Episoden bei der BS. Der Krankheitsverlauf eines Patienten kann auf einer Stimmungskarte aufgezeichnet werden. Ein Beispiel dafür, wie die Stimmung variieren kann, ist Hypomanie, Manie oben in der Figur, Euthymie (oder normale Stimmung) in der Mitte und Depression am unteren Ende der Figur (STAHL, 2013 bei BOSAIPO; BORGES; JURUENA, 2016).

Verständnis der Neurobiologischen Grundlagen der BAS

Schizophrenie und bipolare Störungen gehören zu den weltweit häufigsten psychiatrischen Erkrankungen. Die Schizophrenie äußert sich als komplexes Krankheitsbild, das sogar Spezialisten immer wie- der Rätsel aufgibt. Bekannt ist allerdings, dass sowohl bei der Schizophrenie als auch bei der bipolaren Störung pathologische Veränderungen der Hirnfunktionen vorliegen, so dass das Gehirn Informationen, die es aus der Außenwelt und der eigenen Innenwelt empfängt, nicht adäquat verarbeiten kann. Dies hat zur Folge, dass die für diese psychiatrischen Erkrankungen charakteristischen Symptome getriggert werden, und hier setzt auch die medikamentöse Behandlung an. Die Prävalenz beider Krankheiten ist ähnlich, weltweit ist ungefähr 1% der Gesamtpopulation betroffen. Diese Krankheiten haben nicht nur weitreichende Folgen für das Leben der Erkrankten selbst, sondern auch für deren Familienleben und soziales Umfeld.

Die Fortschritte, die die Neurowissenschaften in den letzten Jahr- zehnten erzielt haben und weiterhin erzielen, helfen uns dabei, die Hintergründe dieser psychiatrischen Erkrankungen besser zu verstehen und neue und wirksamere Behandlungsstrategien zu entwickeln.

Die Neuronen, aus denen das Nervensystem besteht, kommunizieren durch den Austausch einer Reihe chemischer Substanzen, der sogenannten Neurotransmitter, miteinander. Zu diesen gehören unter anderem Katecholamine, Histamin und Serotonin.

Die Katecholamine sind Dopamin, Norepinephrin und Epinephrin, wobei die Konzentration von Epinephrin deutlich unter der der übrigen Katecholamine liegt. Dopamin wird von diversen Systemen benötigt, die für die Vermittlung der motorischen Funktionen (nigrostriatale Bahn), die Emotionen, Gedächtnis, Lernen, Verhalten und Denken (mesocorticolimbische Bahn) sowie endokrine Regelkreise (hypothalamo-hypophysäres System) zuständig sind. Es gibt fünf Dopaminrezeptoren (D1–D5). Die noradrenergen Neuronen steuern Aufmerksamkeit und Wachheit, ihre Rezeptoren sind u.a. α1, α2, β1, β2 und β3.

Histamin wird für die Steuerung autonomer und neuroendokriner Prozesse benötigt; Histamin Rezeptoren sind H1, H2 und H3.

Serotonin wird mit der Regulation von Stimmung, psychischem Befinden und Schlaf in Verbindung gebracht, es wirkt durch Bindung an eine Vielzahl von Rezeptoren.

Schizophrenie ist eine chronische psychische Erkrankung, die mit Veränderungen von Wahrnehmung, Denken, Sprache, Verhalten, Affektsteuerung und Willensäußerungen einhergeht. Sie tritt erstmals in der Jugend und im frühen Erwachsenenalter auf und betrifft rund 1 % der Bevölkerung.

Die verschiedenen Subtypen der Schizophrenie können nach ihren klinischen Merkmalen unter- schieden werden:

Paranoide Schizophrenie: Typisch sind zumeist Wahnvorstellungen und Verfolgungsängste sowie akustische Halluzinationen.

Hebephrenie: Das Verhalten ist unorganisiert, und es kommt zu schweren Antriebs- und Denkstörungen. Diese Form der schizophrenen Psychose beginnt im Jugendalter.

Katatone Schizophrenie: Sie ist geprägt von motorischen Symptomen, zum Beispiel der automatischen Wiederholung von Gehörtem, übertriebenen unproduktiven Bewegungen oder einer Immobilität, die sich bis zum Stupor steigern kann. Desorganisation: Sprache und Verhalten sind unkoordiniert, es kommt zur Affektverflachung oder unangemessenen Reaktionen.

Schizophrenie Simplex: Es fehlen halluzinatorische Symptome und Wahnvorstellungen, aber die Krankheit schreitet langsam und schleichend fort, wobei Passivität und Affektverflachung im Vordergrund stehen.

Die Ursachen der Schizophrenie sind immer noch nicht bekannt, aber es werden mehrere auslösen- de Faktoren vermutet. Erbfaktoren machen 70% des Erkrankungsrisikos aus. Infrage kommt eine ganze Reihe von Genen, vermutlich diejenigen, die an der Synthese von Enzymen und Wachstumsfaktoren so- wie am Neurotransmitterstoffwechsel beteiligt sind. Die restlichen 30% der Erkrankungen gehen auf Umweltfaktoren wie perinatale und frühkindliche Hirnschädigungen sowie psychosoziale Stressfaktoren zurück.

Bei einer Schizophrenie sind vor allem folgende Hirnbereiche betroffen: das limbische System, die Frontallappen und die Basalganglien. Für die Genese existieren unterschiedliche Hypothesen:

Die dopaminerge Hypothese: Hierbei wird von einem Ungleichgewicht in der Dopaminaktivität in den unterschiedlichen Gehirnregionen ausgegangen. Auch Veränderungen bei Serotonin, Acetylcholin und Glutamat werden vermutet.

Die Hypothese von Störungen der neurologischen Entwicklung: Ihre Befürworter postulieren, dass eine pränatale Störung der normalen Bildung von Verbindungen zwischen Neuronen und deren Bewegung vorliegt. Während der Entwicklung dieser Krankheit werden zwar bestimmte Neuronen eliminiert, aber es verbleiben immer noch eine Anzahl anomaler Neuronen Verbindungen, die Informationen nicht adäquat verarbeiten können

Eine Schizophrenie kann abrupt oder schleichend einsetzen. Die Symptome äußern sich in Form von Attacken mit Phasen von stärkerer oder geringerer Intensität, und es kommt zu einer progressiven Verschlechterung bei der sozialen, beruflichen und geistigen Leistungsfähigkeit der Betroffenen oder zur Vernachlässigung der Körperpflege. Darüber hinaus sind Stimmungsschwankungen wie Reizbarkeit, Anspannung, depressive Verstimmungen, Verzweiflung und Selbstmordgedanken oder gar -versuche häufig. Manchmal werden auch Veränderungen bei der Aufmerksamkeit, der Informationsverarbeitung, der Assoziationsfähigkeit und der Entstehung von Gedanken sowie der Ausführung von Handlungen beobachtet. Bei den typischen Manifestationen der Erkrankung kann zwischen positiven und negativen Symptomen unterschieden werden.

Positive Symptome sind Manifestationen, die normalerweise bei gesunden Personen nicht vorkommen, zum Beispiel Halluzinationen, Wahnvorstellungen, ungeordnete Sprache und Verhaltens- oder Bewegungsstörungen (Erregtheit, mangelnde Körperpflege, motorische Störungen, Rigidität).

Negative Symptome stellen sich als Verringerung oder Verlust der normalen Fähigkeiten eines Menschen dar. Sie umfassen eine affektive Verflachung, Verarmung der Sprache und Fehlen von Willensäußerungen.

Bei einer bipolaren Störung handelt es sich um eine chronisch verlaufende Erkrankung, für die Stimmungsschwankungen charakteristisch sind. Depressive Episoden treten im Wechsel mit manischen oder hypomanischen Episoden sowie mit symptomfreien Phasen auf. Für diese Krankheit werden zwei Hauptformen beschrieben: Typ I und Typ II.

Die Bipolar-Typ I-Störung äußert sich als Depression, an die sich mindestens eine Episode der Ma- nie anschließt; außerdem können sich psychotische Symptome entwickeln, und wenn die Manifestationen ein potenzielles Risiko für den Patienten selbst oder andere mit sich bringen, ist eine stationäre Behandlung unumgänglich. Frauen und Männer sind gleich häufig betroffen.

Beim Typ II treten die depressiven Episoden immer wieder und im Wechsel mit mindestens einer Episode von Hypomanie auf. Bei einer Hypomanie sind die Krankheitszeichen nicht so extrem ausgeprägt, und es fehlen psychotische Symptome. Diese Form der bipolaren Störung kommt bei Frauen häufiger vor und bleibt zumeist ohne signifikante Folgen für das soziale oder berufliche Leben, auch stationäre Behandlungen sind in der Regel nicht erforderlich.

Bei beiden Ausprägungen treten normalerweise im jungen Erwachsenenalter erstmals Krankheitszeichen auf. Betroffene mit bipolarer Störung, bei denen es innerhalb eines Jahres zu mindestens vier Episoden von Manie oder Depression kommt, gelten als rapid Cycler"; die Behandlung dieser Form der Krankheit gestaltet sich zumeist besonders schwierig.

Bei der bipolaren Störung kommt eine Anzahl biologischer und emotionaler Faktoren zum Tragen, aber bisher existiert noch keine übergreifende Hypothese, welche die Rolle jedes Einzelnen dieser Faktoren befriedigend erklären kann.

Es wird vermutet, dass Störungen bei den Katecholaminen und beim Serotonin eine Rolle bei der Pathogenese spielen.

Die Katecholamin-Hypothese postuliert, dass ein Übermaß dieser Neurotransmitter die Manie hervorrufen, während die Depression die Folge ihres Mangels ist.

Nach der „permissiven" Serotonin-Hypothese werden sowohl Manie als auch Depression durch Funktionsstörungen des serotonergen Systems ausgelöst, die auf Fehler in der Interaktion des Serotonins mit anderen Neurotransmittern, insbesondere Norepinephrin und Dopamin, zurückgehen.

Darüber hinaus sind bipolare Störungen häufig mit Verletzungen der Frontal- und Temporallappen assoziiert. Verletzungen der linken Hemisphäre gehen eher mit Depressionen einher, während bei Verletzungen der rechten Gehirnhälfte ein Zusammenhang mit manischen Zuständen beobachtet wird, allerdings trifft dies nicht mehr zu, wenn die posterioren Hirnregionen betroffen sind (so können Depressionen mit Läsionen in der rechten Parietookzipital-Region assoziiert sein).

Charakteristisch für die manische Episode sind ein übertriebenes und anhaltendes Hochgefühl, Euphorie oder Reizbarkeit. Damit verbunden sind ein extrem überhöhtes Selbstwertgefühl oder Größenwahn, ein stark verringertes Schlafbedürfnis, Logorrhoe und eine Beschleunigung des Denkens, die sich bis hin zu einer „Ideenflucht" steigern kann. Die Betroffenen sind durch unwichtige Stimuli leicht ab- lenkbar, und vorsätzliche Aktivitäten und mentale Abläufe sind stark beschleunigt.

Bei der depressiven Episode hingegen ist die Stimmung gedrückt und durch Interessenverlust und das nahezu vollständige Fehlen der Fähigkeit, Freude zu empfinden, gekennzeichnet. Die Patienten fühlen sich traurig und empfinden nahezu ständig ein Gefühl innerer Leere; dies ist häufig von Weinen, Müdigkeit und Antriebslosigkeit begleitet. Auch Schlaf, Appetit und motorische Aktivitäten sind mehr oder weniger stark beeinträchtigt. Betroffene sind entschlussunfähig, auch die Fähigkeit zu denken oder sich zu konzentrieren kann eingeschränkt sein. Charakteristisch sind auch übertriebene oder unangemessene Schuldgefühle oder ein Gefühl der Nutzlosigkeit. Alle diese Symptome sind mit erheblichen Belastungen verbunden und können die Patienten auf vielen Ebenen beeinträchtigen: in ihrem sozialen, beruflichen und emotionalen Leben.

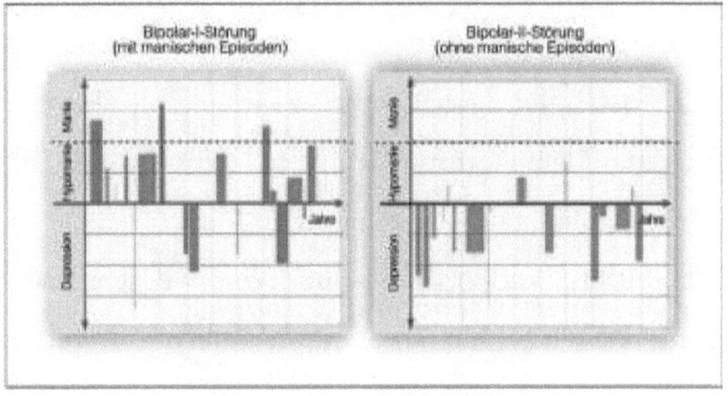

Es gibt mehrere ätiologische Faktoren bei Stimmungsstörungen, die aus der Kombination von Umweltfaktoren (Ernährung, Alkohol, biologische Rhythmen), individuellen persönlichkeitsbezogenen Faktoren und der persönlichen Beziehungen resultieren und die Krankheit bei biologisch gefährdeten Personen auslösen. Es wird angenommen, dass sowohl Depression als auch Manie das Ergebnis verschiedener psychologischer, umweltbedingter, genetischer und biologischer Prozesse sind. (AKISKAL, 2000 bei NETO und ELKIS, 2009).

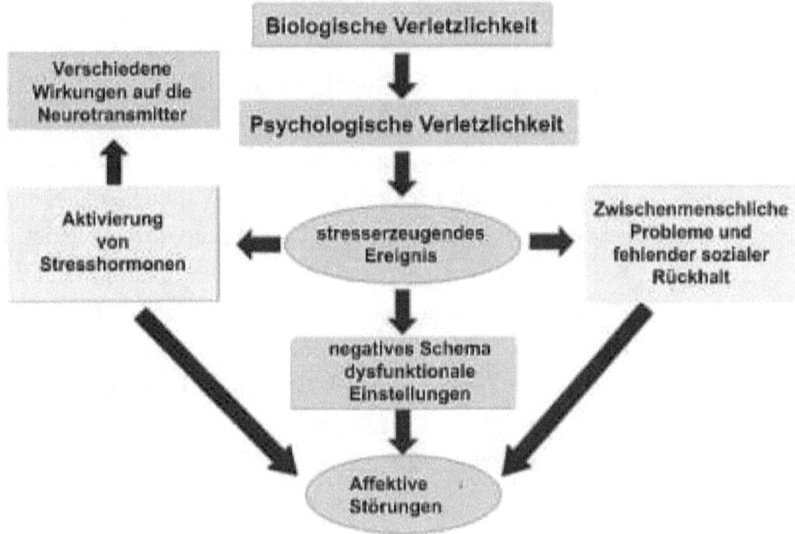

Abbildung 6. Integriertes Modell von Stimmungsstörungen (BARLOW, 2008).

Es wurden Veränderungen in Funktionstests, neurochemischen Integrations- und in Verhaltensmodellen bei Patienten mit affektiver Störung bei Lust- und Belohnungsprozessen beobachtet, ebenso wie Herzrhythmusstörungen. Das limbische System stellt die Konvergenzregion dieser Faktoren dar und führt zu einem Ungleichgewicht von biogenen Aminen, insbesondere Noradrenalin, Serotonin und im Hintergrund Dopamin sowie sekundären Botenstoffsystemen (z. B. Adenylcyclase) und neuroaktiven Peptiden. Darüber hinaus gibt es endokrine, hypothalamisch-adrenale, Schilddrüsen- und Wachstumshormon-bedingte Dysregulationen, Schlafstörungen, Herzrhythmusstörungen, Störungen des Immunsystems und morphophysiologische Veränderungen des Gehirns.

Bei der Entstehung von Stimmungsstörungen sind genetische Faktoren von grundlegender Bedeutung, insbesondere bei der bipolaren Störung. Ungefähr 50% der Typ-I-Bipolar-Patienten haben mindestens einen Elternteil mit affektiver Störung, insbesondere Depression; wenn ein Elternteil an BS I leidet, beträgt die Wahrscheinlichkeit, dass eines seiner Kinder an einer Stimmungsstörung leidet, 25%. Wenn beide Elternteile betroffen sind, steigt die Wahrscheinlichkeit auf 50% bis 75%. Psychosoziale Faktoren sind in der Regel Auslöser von Stimmungsstörungen, z. B. Verlust der Beschäftigung, von Angehörigen, Trennungen. Es gibt keine Persönlichkeitsmerkmale, die für Stimmungsstörungen prädisponieren. Depressionen können bei jedem Persönlichkeitstyp auftreten. (NETO und ELKIS, 2009).

Die Literaturübersicht von Baumann und Bogerts (2001 bei LAMBERT, 2006) legt nahe, dass sich die Gehirne von Patienten mit bipolarer Störung signifikant von jenen unterscheidet, die nicht an einer Stimmungsstörung leiden. Insbesondere sind die Basalganglien bei bipolaren und depressiven Patienten etwas kleiner. Die drastischsten Verringerungen finden sich im Accumbens-Kern, der grundlegenden Struktur für die Umsetzung von Umweltreizen, die die Motivation zur Reaktion fördern. Strukturelle Defizite finden sich auch im Rückenkern der Raphe pharyngis, wo Serotonin produziert wird.

In einer anderen Literaturübersicht wurden durch bildgebende Untersuchungen Anomalien im Striatum, Amygdala und präfrontalen Kortex beobachtet. Diese Übersichtsarbeit unterstützt den Gedanken, dass frontal-subkortikale Schaltkreise an der bipolaren Störung beteiligt sind. Zusätzlich wurde eine

Verkleinerung der Kleinhirngröße festgestellt. Das häufigste Ergebnis in Magnetresonanz-Bildgebungsstudien ist das Vorhandensein von Hyperintensitäten der weißen Substanz mit höheren Raten als erwartet. Hyperintensitäten der weißen Substanz sind kleine Bereiche, die durch ein Signal gekennzeichnet sind, das intensiver ist als das umgebende Gewebe. Diese Hyperintensitäten treten am häufigsten bei älteren Menschen und Personen auf, bei unter kardiovaskulären Ereignissen litten. Darüber hinaus können Prozesse wie Demyelinisierung, Astrogliose (Bildung neuer Astrozyten oder Wachstum vorhandener Astrozyten) oder axonaler Verlust zur Bildung von Hyperintensitäten der weißen Substanz führen. (YURGELUN-TODD und andere, 2000 bei ebenda Loc. Cit.).

Obwohl diese Anomalien bei bipolaren Patienten mit höheren Raten als erwartet beobachtet werden, deutet der Befund, dass die meisten bipolaren Personen keine Hyperintensität aufweisen, darauf hin, dass sie möglicherweise eine minimale kausale Rolle bei der Störung spielen. Sie bilden sich daher eher aufgrund des charakteristischen Lebensstils von Patienten mit Manien (hohe Raten von Substanzmissbrauch und kardiovaskulären Risiken) als aufgrund der Anfälligkeit des Patienten für bipolare Störungen. Bei Patienten mit bipolarer Depression wurde insgesamt eine geringere Glukosestoffwechselaktivität im Gehirn beobachtet als bei Patienten mit bipolarer Manie. Obwohl in einer Studie ein höherer zerebraler Blutfluss während manischer Episoden festgestellt wurde, fanden die meisten Studien keine Unterschiede im Blutfluss bei bipolarer Manie oder Depression im Vergleich zu gesunden Kontrollpersonen (STRAKOWSKI und andere, 2000 bei ebenda).

> Studien zu den Anfälligkeitsgenen (Gene, die die Anfälligkeit für Krankheiten erhöhen) umfassen bereits die Chromosomen: 4, 12, 18 und 21 unter anderen. Einer der stärksten Zusammenhänge, der aktuell gefunden wird, liegt in der Regionen 12q23-q24.40. Die Ergebnisse des Genomscreenings deuten auf das Vorhandensein mehrerer Anfälligkeitsstellen hin bei den Chromosomen: 1, 6, 7, 10, 16 und 22. Eine andere neuere Studie deutet auf Stellen in den Regionen 13q32 und 1q32.32 hin. (GINNS, 1998, bei ALDA, 1999).

Es wird ein Polymorphismus in der Enticklungsregion mit zwei Allelvarianten untersucht, einer langen und einer kurzen Insertion / Deletion von 44 Basenpaaren. Es gibt eine mögliche funktionelle Rolle dieses Polymorphismus, bei dem das kurze Allel weniger Serotonin zurückgewinnt als das lange Allel. (DU E COLL, 1999, bei VIEIRA, 2006). Studien zum Liquor- und Urinspiegel von BS-Patienten im Vergleich zu normalen Kontrollgruppen ergaben ein Ungleichgewicht in der Regulation biogener Amine (verteilt im limbischen System), was Veränderungen in folgenden Systemen zeigt:

1. Noradrenerge
2. Serotonerge
3. Dopaminerge

4. Cholinerge

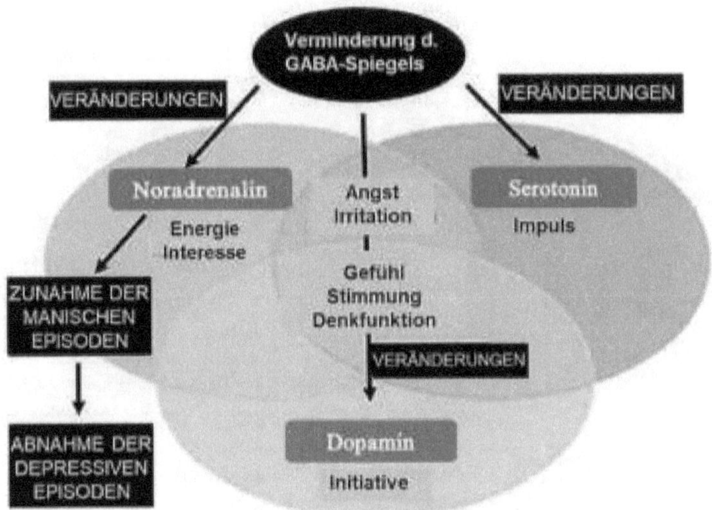

Abbildung 7. Gaba-moduliert die Serotonin-, Dopamin- und Noradrenalin-Aktivitäten (Yong und andere, 1994, bei VIEIRA, 2006).

Symptom Dimension	Betroffene Regionen bei der bipolaren Störung	Betroffene Regionen bei Schizophrenie
Desorganisation	1. Hypofunktion im ventrolateralen präfrontalen Kortex (vlPFC) 2. Hypofunktion im medialen präfrontalen Kortex(mPFC)/ACC	1. Hypofunktion im medialen präfrontalen Kortex(mPFC) 2. Hypofunktion im dorsolateralen präfrontalen Kortex(dlPFC) 3. Hypofunktion im Kleinhirn 4. Hypofunktion in der Insula 5. Hypofunktion im temporalen Kortex
Realitätsverzerrung	1. Funktionelle Anomalien in präfrontalen und thalamischen Regionen	• Reduzierte graue Substanz in perisylvian- und thalamischen Regionen • Hypofunktion der Amygdala, mPFC und Hippocampus/Parahippocampus
Psychomotorische Einschränkung	• Funktionelle Anomalien im vlPFC und ventralen Striatum	• Reduzierte graue Substanz in der vlPFC, mPFC und dlPFC • Reduzierte graue Substanz im Striatum, Thalamus, Amygdala und temporalen Kortiken

Tabelle 5. Spezifische Symptome wurden mit verschiedenen neurologischen Anomalien bei bipolaren Störungen sowie Schizophrenie verbunden. Realitätsverzerrung, Desorganisation und psychomotorische Einschränkung wurden mit präfrontalen, thalamischen und striatalen Regionen sowohl bei Schizophrenie als auch bei bipolaren Störungen in Verbindung gebracht (FRANGOU, 2014)

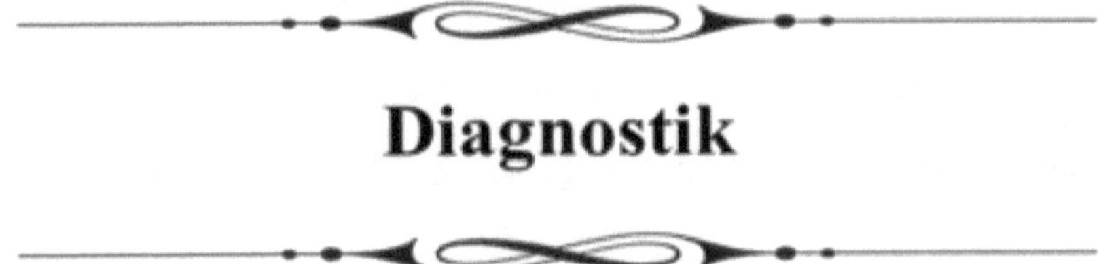

Diagnostik

Die Person mit bipolarer Störung (BS) wird in der Regel erst zehn Jahre nach den ersten Behandlungsversuchen diagnostiziert. Zuvor kann der Patient darüber informiert werden, dass er an den unterschiedlichsten Problemen wie Drogenabhängigkeit, Fettleibigkeit, Charakter- und Persönlichkeitsstörung, Panikstörung usw. leidet. Die an der häufigsten nachgewiesenen Fehldiagnose ist jedoch die einer unipolaren Depression. Leider kennen bis heute nur wenige psychiatrische Fachkräfte das Bild gut genug und können angemessene Anleitungen geben, um die Belastung des Patienten, seiner Angehörigen und Freunde zu verringern.

Die Diagnose einer BS ist tückisch: Anzeichen und Symptome können bei ein und demselben Patienten zahlreiche Erscheinungsformen haben und außerdem sehr unterschiedlich ausfallen von einer Person zur anderen. Im Allgemeinen haben Menschen mit bipolarer Störung Schwierigkeiten, Karriere zu machen, Produktivität und Gleichgewicht in ihrem affektiven Leben zu bewahren und dauerhafte Beziehungen zu pflegen. Die Betroffenen haben nicht immer die Kontrolle über das, was sie sagen, wenn die Krankheit einsetzt. Die medikamentöse Behandlung ist grundlegend und komplex, da sie zwei Strategien erfordert: Prophylaxe (Vorbeugung von Krisen) und Kontrolle akuter Symptome; Psychologische Nachsorge ist für eine gute langfristige Entwicklung von grundlegender Bedeutung.

Die gute Nachricht ist, dass der richtige Ansatz ein nahezu normales Leben garantieren kann, insbesondere wenn die Krankheit in einem frühen Stadium diagnostiziert wird. Aber je früher und tiefer der Patient und die Familie die BS verstehen, desto größer ist die Chance, die Krankheit unter Kontrolle zu halten und ihre Folgen weniger schädlich zu machen. In diesem Fall kann die Information als grundlegender Bestandteil für die in die Situation involvierten Personen angesehen werden, um darüber informiert zu werden, dass es sich bei BS um eine chronische Krankheit handelt, deren biologische Ursachen (genetische und andere) mit Umweltfaktoren verbunden sind.

Es ist daher verständlich, dass der Status einer psychischen Krankheiten der bipolaren Störung häufig in Frage gestellt wird. Schließlich hat der Patient häufig verstärkte Reaktionen, die auch ein gesunder Mensch haben könnte. Jeder kann zum Beispiel wütend auf Frustrationen oder Ungerechtigkeiten reagieren. Der bipolare Patient kann jedoch depressiv oder übermäßig aggressiv werden. Viele Leute haben auch schon etwas mehr Geld ausgegeben, als sie beabsichtigt hatten, oder waren mürrisch darüber, schlechte Nachrichten zu erhalten. Die Person mit BS gibt jedoch große Summen aus, ohne irgendetwas zu planen, bis dahingehend, dass sie Schulden macht, um Produkte zu kaufen, die sie nicht benötigt, oder hütet nach unangenehmen Nachrichten das Bett.

Aber, wie können verschärfte Reaktionen eine Person mit bipolarer Störung von anderen unterscheiden? Wäre es nicht nur eine eigenartige, rein psychologische Reaktion jedes Einzelnen, ohne das Ergebnis einer Verletzung oder Funktionsstörung des Gehirns zu sein? Derzeit erkennt die Weltgesundheitsorganisation (WHO, 2009) die bipolare Störung als Krankheit an. Um auf diese Weise erkannt zu werden, muss das Krankheitsbild gut etablierte organische Ursachen haben. Der zeitliche Verlauf und die physikalischen Auswirkungen sowie die Möglichkeiten der Symptombehandlung sollten bekannt sein. Die größte Schwierigkeit besteht jedoch darin, die Grenzen zu definieren, die von klinischen Bewertungen abhängen auf der Grundlage von Symptomen und Anzeichen, da diese die endgültige Diagnose einer bipolaren Störung liefern können.

Das Hauptmerkmal der BS ist die Instabilität verschiedener Gehirnfunktionen, die in Stimmungsschwankungen wahrgenommen werden können, die von tiefer Traurigkeit über übermäßige Freude bis zu Angstzuständen und Reizbarkeit reichen und in kurzer Zeit zu Apathie führen können. Diese Schwankungen scheinen mit der Instabilität der Gehirnfunktion verbunden zu sein, sowohl bei der Informationsspeicherung (Gedächtnis) als auch bei der Aufmerksamkeitskontrolle (übermäßige Ablenkung).

Es kann Schwankungen vom übertriebenen Pessimismus zum unkontrollierbaren Optimismus geben, und die Geschwindigkeit des Denkens kann zunehmen oder abnehmen. Veränderungen bei Schlaf und Appetit, sowohl hin zu Übermaß als auch zu Mangel, sind ebenfalls häufig. In diesen Situationen werden hormonelle Systeme häufig durcheinander gebracht, was einen chaotischen oder zyklischen biologischen Rhythmus widerspiegelt, und der Patient vertauscht häufig Tag und Nacht. Es gibt auch eine Abnahme oder eine übermäßige Zunahme der Energie.

Gleiches gilt für die Fähigkeit, Freude zu empfinden. Interessanterweise können Stimmungsschwankungen innerhalb von Stunden oder Tagen auftreten - und manchmal dauern sie Wochen, Monate oder sogar Jahre. Daher gibt es Patienten, die bipolar sind und lange Zeit in demselben Zustand bleiben, der normalerweise depressiv ist. In solchen Fällen besteht bei der Untersuchung von irgendeinem Moment des Lebens dieses Patienten der Eindruck, dass keine Instabilität vorliegt, obwohl sie in der Vergangenheit aufgetreten sein kann oder einfach durch einen einzigen Wechsel vom normalen in den depressiven Zustand repräsentiert wird.

Eine neue Frage stellt sich: Wenn die Instabilität das zentrale Merkmal der bipolaren Störung ist, sollten gesunde Menschen nicht instabil sein, ohne großen Ausdruck von Trauer oder Freude? Diese Frage führt zu einer interessanten Reflexion. Der menschliche Körper verfügt über Steuerungssysteme, die verhindern, dass die verschiedenen Funktionen zu stark von den so genannten Mindestparametern abweichen, beispielsweise in Bezug auf die Schlafzeit oder die Niveaus körperlicher und geistiger Aktivität. Variabilität ist für den Menschen von entscheidender Bedeutung, um sich an häufig wechselnde Umweltsituationen anzupassen, die eine Anpassung erfordern, wie etwa später schlafen, um an einer gesellschaftlichen Veranstaltung teilzunehmen oder einen Artikel zu Ende zu schreiben. Im Körper des BS-Patienten funktionieren diese Kontrollsysteme unangemessen, was zu "Ausreißern" und Unkontrollierbarkeit führt und letztendlich andere Körperfunktionen beeinträchtigt.

Menschen, die als gesund gelten, haben normalerweise kleine Schwankungen der Körperfunktionen, die sich an die Anforderungen der Umwelt anpassen, während bipolare Patienten große Veränderungen aufweisen, die mit externen Ereignissen unvereinbar werden. Daher ist es völlig akzeptabel (und sogar ein Zeichen der psychischen Gesundheit), dass sie Freude und Trauer in unterschiedlichem Maße spüren, anerkennen und ausdrücken, solange diese Gefühle, ausgelöst durch äußere oder subjektive Faktoren, auf den Kontext bezogen sind - und im Falle der BS-Patienten eine Intensität haben, die mit der Situation kompatibel ist. Je stärker die Funktionen, die die Stimmungszustände regulieren, unorganisiert sind, desto schwerwiegender und komplexer ist das klinische Bild.

Gemäß dem Diagnose- und Statistikhandbuch für psychische Störungen (DSM) zur Diagnose der Typ-I- Bipolare Störung müssen die folgenden Kriterien für eine manische Episode erfüllt sein. Der manischen Episode können schwerwiegende hypomanische oder depressive Episoden vorausgegangen oder gefolgt sein.

Diagnostische Kriterien für eine manische Episode

A. Eine ausgeprägte Periode abnormaler und anhaltend erhöhter, expansiver oder gereizter Stimmung und anhaltend abnormaler Zunahme der zielgerichteten Aktivität oder Energie, die mindestens eine Woche andauert und den größten Teil des Tages fast jeden Tag (oder jede Dauer, wenn ein Krankenhausaufenthalt erforderlich ist).

B. Während der Zeit der Stimmungsstörung und der Steigerung der Energie oder Aktivität sind drei (oder mehr) der folgenden Symptome (vier, wenn die Stimmung nur reizbar ist) in erheblichem Maße vorhanden und stellen eine bemerkenswerte Änderung des gewohnheitsmäßigen Verhaltens dar:

1. Überhöhtes Selbstwertgefühl oder Selbstüberschätzung.

2. Reduzierter Schlafbedarf (z. B. nur drei Stunden Schlaf).

3. Gesprächiger als gewöhnlich oder Druck, weiterzureden.

4. Ideenflucht oder subjektive Erfahrung, dass die Gedanken beschleunigt sind.

5. Ablenkbarkeit (z. B. Aufmerksamkeit wird zu leicht durch unbedeutende oder irrelevante äußere Reize abgelenkt), entsprechend berichtet oder beobachtet.

6. Erhöhte zielgerichtete Aktivität (sozial, beruflich oder schulisch, sexuell) oder psychomotorische Unruhe (nicht zielgerichtete, nicht zweckgerichtete Aktivität).

7. Übermäßige Beteiligung an Aktivitäten mit hohem Potenzial für schmerzhafte Folgen (z. B. Beteiligung an ungezügelten Ausbrüchen von Einkäufen, sexueller Indiskretion oder unklugen Finanzinvestitionen).

C. Die Stimmungsstörungen sind schwerwiegend genug, um das soziale oder berufliche Funktionieren ernsthaft zu beeinträchtigen oder einen Krankenhausaufenthalt zu erfordern, um sich selbst oder anderen vor Schaden zu bewahren, oder psychotische Merkmale.

D. Die Episode ist nicht auf die physiologischen Wirkungen einer Substanz (z. B. Drogenmissbrauch, Medikamente, andere Behandlungen) oder einen anderen medizinischen Befund zurückzuführen.

Anmerkung 1. Eine vollständige manische Episode, die während der Behandlung mit Antidepressiva auftritt (z. B. Medikamente, Elektrokrampftherapie), aber in einem Ausmaß von Anzeichen und Symptomen anhält, das über den physiologischen Effekt einer solchen Behandlung hinausgeht, ist ein ausreichender Beweis für eine manische Episode und daher für eine Diagnose einer bipolaren Störung I. **Anmerkung 2:** Die Kriterien A-D stellen eine manische Episode dar. Mindestens eine manische Episode im Leben ist für die Diagnose der Typ-I-Bipolar-Störung erforderlich.

Quelle: Diagnostisches und statistisches Handbuch für psychische Störungen (American Psychiatric Association – APA, 2018).

Zugehörige Merkmale, die die Diagnose unterstützen

Während einer manischen Episode stellen Einzelpersonen häufig nicht fest, dass sie krank sind oder eine Behandlung benötigen, und widersetzen sich stark den Behandlungsversuchen. Sie können ihr Kleid, Make-up oder ihr persönliches Aussehen auf extravagante und / oder sexuell ansprechendere Weise ändern. Einige nehmen eine größere olfaktorische, akustische oder visuelle Genauigkeit wahr. Glücksspiel und asoziales Verhalten können die manische Episode begleiten. Es gibt Menschen, die anderen gegenüber feindlich gesinnt und körperlich bedrohlich sind und können im Delirium körperlich angreifen oder Selbstmord begehen. Die katastrophalen Folgen einer manischen Episode (z. B. unfreiwilliger Krankenhausaufenthalt, Schwierigkeiten mit der Justiz, schwerwiegende finanzielle Schwierigkeiten) resultieren häufig aus einem gestörten Urteilsvermögen, Verlust von Einsicht und Hyperaktivität. Die Stimmung kann sich schnell in Wut oder Depression verwandeln. Depressive Symptome können während einer manischen Episode auftreten, und Momente, Stunden oder seltener Tage lang anhalten.

Diagnosemerkmale

Das wesentliche Merkmal einer manischen Episode ist eine ausgeprägte Periode von ungewöhnlich anhaltend erhöhter, expansiver oder gereizter Stimmung und anhaltender Zunahme der Aktivität, die mindestens eine Woche andauert und den größten Teil des Tages fast täglich auftritt (oder jede Dauer, falls ein Krankenhausaufenthalt erforderlich ist), begleitet von mindestens drei zusätzlichen Symptomen von Kriterium B. Wenn die Stimmung eher reizbar als hoch oder expansiv ist, sollten mindestens vier Symptome von Kriterium B vorliegen.

Die Stimmung in einer manischen Episode wird oft als euphorisch, übermütig, erhöht oder als "Gefühl auf der Weltspitze" beschrieben. In einigen Fällen ist die Stimmung so ungewöhnlich ansteckend, dass sie leicht als übertrieben erkannt wird und sich durch unbegrenzte und wahllose Begeisterung für zwischenmenschliche, sexuelle oder berufliche Interaktionen auszeichnet. Beispielsweise kann eine Person spontan lange Gespräche mit Fremden in der Öffentlichkeit beginnen. Manchmal ist die vorherrschende Stimmung eher gereizt als hoch, insbesondere wenn die Wünsche des Einzelnen abgelehnt werden oder wenn dieser Substanzen verwendet hat. Über einen kurzen Zeitraum können schnelle Stimmungsänderungen auftreten, die als Labilität (Wechsel zwischen Euphorie, Dysphorie und Reizbarkeit) bezeichnet werden. Bei Kindern sind Glück, Verrücktsein und "Dummheit" im Zusammenhang mit besonderen Anlässen normal. Wenn diese Symptome jedoch wiederholt auftreten, im Kontext unpassend sind und über das für das Entwicklungsniveau des Kindes erwartete Maß hinausgehen, können sie das Kriterium A erfüllen. Wenn das Glück für das Kind ungewöhnlich ist (anders als gewöhnlich) und die Stimmungsschwankungen gleichzeitig mit Symptomen auftreten, die das Kriterium B für Manie erfüllen, erhöht sich die diagnostische Sicherheit; Stimmungsschwankungen müssen jedoch mit einer anhaltenden Steigerung der Aktivität oder Energie einhergehen, was für diejenigen offensichtlich ist, die das Kind gut kennen.

Während der manischen Episode kann man sich gleichzeitig an mehreren neuen Projekten beteiligen. Projekte werden in der Regel mit geringen Kenntnissen des Themas gestartet, und nichts scheint außerhalb der Reichweite des Einzelnen zu liegen. Erhöhte Aktivität kann zu ungewöhnlichen Tageszeiten auftreten.

Häufig ist ein überhöhtes Selbstwertgefühl vorhanden, das von unkritischem Selbstbewusstsein bis zu ausgeprägter Grandiosität reicht und wahnhaft delirische Ausmaße annehmen kann (Kriterium B1). Trotz des Mangels an besonderen Erfahrungen oder Talenten kann der Einzelne komplexe Aufgaben wie das Schreiben eines Romans oder die Werbung für eine unpraktische Erfindung einleiten. Größenwahn (z. B. eine besondere Beziehung zu einer berühmten Person) sind häufig. Bei Kindern sind eine Überbewertung der Fähigkeiten und die Annahme, dass sie beispielsweise die besten im Sport oder die klügsten im Klassenzimmer sind, weit verbreitet. Liegen diese Überzeugungen jedoch trotz eindeutiger Gegenbeweise vor oder versucht das Kind eindeutig gefährliche Handlungen und stellt vor allem eine Änderung seines üblichen Verhaltens dar, ist das Kriterium des Größenwahns erfüllt.

Eines der häufigsten Merkmale ist ein geringeres Schlafbedürfnis (Kriterium B2), das sich von Schlafstörungen unterscheidet, bei denen die Person schlafen möchte oder das Schlafbedürfnis hat, dies jedoch nicht kann. Diese kann wenig Schlaf bekommen, falls sie kann, oder kann einige Stunden früher als gewöhnlich aufwachen und sich erholsam und energisch fühlen. Wenn die Schlafstörung schwerwiegend ist, kann die Person tagelang schlaflos und nicht müde sein. Oft kündigt der reduzierte Schlafbedarf den Beginn einer manischen Episode an.

Die Sprache kann schnell, gedrängt, laut und schwer zu unterbrechen sein (Kriterium B3). Einzelpersonen können kontinuierlich und ohne Rücksicht auf die Kommunikationswünsche anderer Personen sprechen, oft invasiv oder ohne Rücksicht auf die Relevanz des Gesagten. Manchmal ist die Sprache durch Witze, Wortspiele, spielerischen Unsinn und Theatralik gekennzeichnet, mit dramatischen Manierismen, Gesang und übertriebenen Gesten. Die Intensität und der Ton der Sprache sind oft wichtiger als das, was vermittelt wird. Wenn die Stimmung eher gereizt als expansiv ist, kann die Rede von Beschwerden, feindseligen Kommentaren oder wütenden Ausbrüchen gekennzeichnet sein, insbesondere wenn versucht wird, das Individuum zu unterbrechen. Die Symptome von Kriterium A und Kriterium B können von Symptomen des entgegengesetzten (depressiven) Pols begleitet sein (siehe die Bezeichnung "mit gemischten Merkmalen").

Oft fließen die Gedanken des Einzelnen schneller, als dies durch Sprache ausgedrückt werden kann (Kriterium B4). Es gibt oft eine Flucht von Ideen, die durch einen fast kontinuierlichen Fluss beschleunigter Sprache mit plötzlichen Wechseln von einem Thema zum anderen belegt werden. Wenn die Flucht der Ideen schwerwiegend ist, kann die Sprache unorganisiert, inkohärent und insbesondere für das Individuum leidvoll sein. Gedanken werden manchmal so überfüllt empfunden, dass es schwierig wird zu sprechen.

Die Ablenkbarkeit (Kriterium B5) zeigt sich in der Unfähigkeit, irrelevante äußere Reize (z. B. Kleidung des Interviewers, Hintergrundgeräusche oder Gespräche, Möbel im Raum) herauszufiltern, und lässt häufig nicht zu, dass die Individuen in einer manische Episode ein vernünftiges Gespräch führen oder Anweisungen folgen. Verstärkte zielgerichtete Aktivitäten bestehen häufig aus übermäßiger Planung und Teilnahme an mehreren Aktivitäten, einschließlich sexueller, beruflicher, politischer oder religiöser Aktivitäten. Erhöhter sexueller Antrieb, Fantasie und Verhalten sind häufig anwesend. Einzelpersonen in einer manischen Episode zeigen häufig eine erhöhte Geselligkeit (z. B. Erneuerung alter Freundschaften oder Telefonieren mit Freunden oder sogar mit Fremden), ungeachtet der unangenehmen, dominierenden und fordernden Art dieser

Interaktionen. Sie zeigen oft psychomotorische Erregung oder Unruhe (Aktivität ohne Zweck), gehen auf und ab oder führen mehrere Gespräche gleichzeitig. Es gibt Leute, die allzu viele Briefe, E-Mails, Textnachrichten usw. zu verschiedenen Themen an Freunde, Persönlichkeiten des öffentlichen Lebens oder die Medien schreiben.

Das Kriterium einer erhöhten Aktivität kann bei Kindern schwierig zu bestimmen sein; Wenn das Kind jedoch mehrere Aufgaben gleichzeitig übernimmt, komplizierte und unrealistische Projektpläne zu erarbeiten beginnt, sexuelle Beschäftigungen entwickelt, die zuvor nicht vorhanden waren und nicht der Ebene der Entwicklung entsprechen (nicht gerechtfertigt durch sexuellen Missbrauch oder Kontakt mit sexuell eindeutigem Material), ist das Kriterium B auf der Grundlage der klinischen Beurteilung erfüllt. Es ist entscheidend zu bestimmen, ob das Verhalten während des erforderlichen Zeitraums ein Veränderung darstellt. und ob es in zeitlicher Verbindung mit anderen Symptomen von Manie auftritt.

Expansive Stimmung, übermäßiger Optimismus, Grandiosität und vermindertes Urteilsvermögen führen häufig zu unkluger Beteiligung an Aktivitäten wie Einkaufsrausch, Verschenken persönlicher Gegenstände, rücksichtslosem Fahren, dummen Finanzinvestitionen und ungewöhnlicher sexueller Promiskuität, selbst wenn diese Aktivitäten katastrophale Folgen haben können. (Kriterium B7). Die Person kann viele unnötige Gegenstände kaufen, ohne Geld dafür zu haben, und in einigen

Fällen diese Gegenstände spenden. Sexuelles Verhalten kann Untreue oder willkürliche sexuelle Begegnungen mit Fremden beinhalten, oft ohne Rücksicht auf das Risiko sexuell übertragbarer Krankheiten oder zwischenmenschlicher Konsequenzen.

Die manische Episode kann zu einer deutlichen Beeinträchtigung des sozialen oder beruflichen Funktionierens führen oder einen Krankenhausaufenthalt erfordern, um Schäden für sich oder andere zu vermeiden (z. B. finanzielle Verluste, illegale Aktivitäten, Verlust des Arbeitsplatzes, selbstzerstörerisches Verhalten). Per Definition entspricht auch das Vorhandensein psychotischer Merkmale während einer manischen Episode dem Kriterium C.

Anzeichen oder Symptome von Manie, die auf die physiologischen Wirkungen eines Drogenmissbrauchs zurückzuführen sind (z. B. im Zusammenhang mit Kokain- oder Amphetaminvergiftung), auf Nebenwirkungen von Medikamenten oder Behandlungen (z. B. Steroide, L-Dopa, Antidepressiva, Stimulanzien) oder auf andere Erkrankungen rechtfertigen die Diagnose einer Bipolar I - Störung nicht. Wenn eine tatsächliche manische Episode jedoch während einer Behandlung (z.B. Medikamente, Elektrokrampftherapie, Phototherapie) oder Drogenkonsum auftritt und über die physiologische Wirkung des Induktionsmittels hinaus fortbesteht (nachdem das Medikament im Körper des Individuums vollständig abwesend ist oder die erwarteten Wirkungen der Elektrokrampftherapie vollständig verschwunden sind), ist dies ein ausreichender Beweis für eine Diagnose 3e einer manischen Episode (Kriterium D). Vorsicht ist geboten, falls ein oder mehrere Symptome (insbesondere erhöhte Reizbarkeit, Nervosität oder Erregung nach Anwendung von Antidepressiva) nicht als ausreichend für die Diagnose einer manischen oder hypomanischen Episode oder notwendigerweise als Hinweis auf eine bipolare Diathese angesehen werden. Es ist erforderlich, die Kriterien für eine manische Episode für die Diagnose der Typ-I-Bipolar-Störung zu erfüllen, es müssen jedoch keine schwerwiegenden hypomanischen oder depressive Episoden vorhanden sein. Diese können jedoch einer manischen Episode vorangehen oder folgen. Eine vollständige Beschreibung der diagnostischen Merkmale einer hypomanen Episode findet sich im Text D zur bipolaren Störung, und die Merkmale einer schweren Depression sind im Text zur schweren Depression beschrieben.

Prävalenz

Die geschätzte 12-Monats-Prävalenz in den Vereinigten Staaten betrug 0,6% für Typ-I- Bipolare Störung, wie in der DSM-V definiert. Die 12-monatige Prävalenz der Störung in 11 Ländern lag zwischen 0,0 und 0,6%. Das Lebenszeit-Prävalenz-Verhältnis zwischen Männern und Frauen beträgt ungefähr 1,1: 1.

Entwicklung und Verlauf

Das Durchschnittsalter zu Beginn der ersten manischen, hypomanischen oder schwerwiegenden depressiven Episode beträgt für die Typ-I-Bipolar-Störung etwa 18 Jahre. Für die Diagnose bei Kindern sind besondere Überlegungen erforderlich. Da sich Kinder im gleichen Alter möglicherweise in verschiedenen Entwicklungsstadien befinden, ist es schwierig, genau zu definieren, was an einem bestimmten Punkt "normal" oder "erwartet" ist. Daher sollte jedes Kind entsprechend seinem üblichen Verhalten berücksichtigt werden. Der Beginn tritt während des gesamten Lebenszyklus auf, die ersten Symptome können selbst nach 60 oder 70 Jahren auftreten. Das Auftreten manischer Symptome (z. B. sexuelle oder soziale Enthemmung) am Ende des Erwachsenenalters oder des Alterns sollte besonders auf die Möglichkeit von Erkrankungen (z. B. frontotemporale neurokognitive Störung) und die Aufnahme oder Abstinenz von Substanzen achten.

Über 90% der Personen, die eine einzige Manie-Episode hatten, haben immer wieder Stimmungsschwankungen. Ungefähr 60% der manischen Episoden treten unmittelbar vor einer schweren Depression auf. Menschen mit Bipolarer Störung Typ I, die in einem Jahr mehrere (vier oder mehr) Stimmungsepisoden (schwere Depression, Manie oder Hypomanie) hatten, erhalten den "Fast Cycling" - Spezifizierer.

Risikofaktoren und Prognose

Umweltrisikofaktoren. Bipolare Störungen sind in Ländern mit Menschen mit hohem Einkommen häufiger als in Ländern mit niedrigerem Einkommen (1,4 gegenüber 0,7%). Getrennte, geschiedene oder verwitwete Menschen weisen eine höhere Rate an bipolaren Störungen des Typs I auf als diejenigen, die verheiratet sind oder nie verheiratet waren. Es ist jedoch unklar, in welche Richtung sich die Assoziation ändert.

Genetisch und physiologisch. Die Familiengeschichte der bipolaren Störung ist einer der stärksten und beständigsten Risikofaktoren für Störungen in dieser Kategorie. Im Durchschnitt besteht bei erwachsenen Verwandten von Personen mit Typ I- und Typ II-Bipolare Störung ein 10-fach erhöhtes Risiko. Die Größe des Risikos steigt mit dem Grad der Beziehung. Schizophrenie und bipolare Störung haben wahrscheinlich einen gemeinsamen genetischen Ursprung, was sich in der familiären Koaggregation von Schizophrenie und bipolaren Störung widerspiegelt.

Modifikatoren des Verlaufs. Nachdem eine Person eine manische Episode mit psychotischen Merkmalen hatte, schließen nachfolgende manische Episoden mit größerer Wahrscheinlichkeit psychotische Merkmale ein. Eine unvollständige Wiederherstellung zwischen den Episoden ist häufiger, wenn die aktuelle Episode von stimmungsinkongruenten psychotischen Merkmalen begleitet wird.

Diagnostische Probleme in Bezug auf die Kultur

Es gibt nur wenige Informationen zu spezifischen kulturellen Unterschieden bei der Darstellung der bipolaren Störung des Typs I. Eine mögliche Erklärung dafür könnte sein, dass diagnostische Instrumente häufig übersetzt und auf verschiedene Kulturen ohne interkulturelle Validierung angewendet werden. In einer US-amerikanischen Studie war die 12-monatige Prävalenz der Typ-I-Bipolar-Störung in der Afro-Karibik signifikant niedriger als bei Afro-Amerikanern oder Weißen.

Diagnostische Fragen bezüglich des Geschlechts

Weibliche Personen sind anfälliger für schnellen Stimmungswechsel und gemischte Zustände sowie für andere Komorbidität Muster als Männer, einschließlich höherer Raten lebenslanger Essstörungen. Weibliche Probanden mit Typ-I- oder Typ-II-Bipolar Störung haben mit größerer Wahrscheinlichkeit depressive Symptome. Sie haben auch ein höheres Lebenszeitrisiko für Alkoholkonsumstörungen als Männer und eine noch höhere Wahrscheinlichkeit für Alkoholkonsumstörungen als Frauen in der Allgemeinbevölkerung.

Suizidrisiko

Das lebenslange Suizidrisiko bei Menschen mit bipolarer Störung wird auf mindestens das 15-fache der Gesamtbevölkerung geschätzt. Tatsächlich kann die bipolare

Störung ein Viertel aller Selbstmorde ausmachen. Die Vorgeschichte von Suizidversuchen und der Prozentsatz der Tage, die im Vorjahr in Depression verbracht wurden, sind mit einem erhöhten Suizidrisiko und dem Erfolg dieser Versuche verbunden.

Funktionelle Konsequenzen der Typ-I-Bipolar-Störung

Obwohl viele Personen mit einer Bipolar-Störung zwischen den Episoden zu einem voll funktionsfähigen Niveau zurückkehren, zeigen etwa 30% eine signifikante Beeinträchtigung der beruflichen Funktionsfähigkeit. Die funktionelle Genesung liegt weit hinter der Symptomgenesung zurück, insbesondere in Bezug auf die Wiederherstellung der beruflichen Funktionsfähigkeit, was zu einem niedrigeren sozioökonomischen Status führt, obwohl das Bildungsniveau im Vergleich zur Allgemeinbevölkerung gleich ist. Personen mit BS Typ I schneiden bei kognitiven Tests schlechter ab als gesunde Personen. Kognitive Beeinträchtigungen können zu beruflichen und zwischenmenschlichen Schwierigkeiten führen und sogar während euthymischer Perioden lebenslang anhalten.

Differentialdiagnose

Schwere depressive Störung. Eine schwere depressive Störung kann auch mit hypomanischen oder manischen Symptomen einhergehen (weniger Symptome oder für einen kürzeren Zeitraum als für Manie oder Hypomanie erforderlich). Wenn die Person mit einer Episode einer schweren Depression konfrontiert ist, sollten frühere Manie- oder Hypomanie-Episoden berücksichtigt werden. Reizbarkeitssymptome können mit einer schweren Depression oder einer Bipolaren Störung einhergehen und die diagnostische Komplexität erhöhen.

Andere bipolare Störungen. Die Diagnose einer bipolaren Störung vom Typ I unterscheidet sich von der Diagnose einer bipolaren Störung vom Typ II durch das Vorhandensein einer früheren Manie-Episode. Sonstige bipolare Störungen und verwandte spezifizierte Störungen oder bipolare Störung und verwandte nicht spezifizierte Störungen sollten von bipolaren Typ I- und Typ II-Störungen unterschieden werden, wobei zu berücksichtigen ist, ob Episoden mit manischen oder hypomanischen Symptomen die Kriterien für diese Bedingungen vollständig erfüllen.

Eine bipolare Störung aufgrund einer anderen Erkrankung kann von einer bipolaren Störung des Typs I und des Typs II unterschieden werden, indem auf der Grundlage der besten klinischen Beweise eine ursächliche Erkrankung identifiziert wird.

Generalisierte Angststörung (GAS), Panikstörung, Posttraumatische Belastungsstörung (PTBS) oder andere Angststörungen. Diese Störungen sollten in der Differentialdiagnose sowohl als primäre Störung als auch in einigen Fällen als komorbide Störung betrachtet werden. Eine sorgfältige klinische Anamnese ist erforderlich, um generalisierte

Angststörungen von bipolaren Störungen zu unterscheiden, da häufig wiederkehrende Ängste mit beschleunigten Gedanken verwechselt werden können und Bemühungen zur Minimierung von Angstgefühlen als impulsives Verhalten verstanden werden können. In ähnlicher Weise müssen Symptome einer posttraumatischen Belastungsstörung von einer bipolaren Störung unterschieden werden. Es ist nützlich, die episodische Natur der beschriebenen Symptome zu berücksichtigen und mögliche Auslöser der Symptome bei dieser Differentialdiagnose zu bewerten.

Substanz- / arzneimittelinduzierte bipolare Störung. Substanzbedingte Störungen können sich mit substanz- / arzneimittelinduzierten manischen Symptomen manifestieren und müssen von der bipolaren Störung des Typs I unterschieden werden. Die Reaktion auf Stimmungsstabilisatoren während substanz- / arzneimittelinduzierter Manie reicht möglicherweise nicht unbedingt aus, um eine Bipolar-Störung zu diagnostizieren. Es kann zu Überlagerungen von Substanzen bei der Tendenz von Menschen mit Typ-I-Bipolar-Störung kommen, während einer Episode zu viele Substanzen zu benutzen. Eine Primärdiagnose der bipolaren Störung sollte auf der Grundlage von Symptomen erstellt werden, die bestehen bleiben, nachdem die Substanzen nicht mehr verwendet werden.

Aufmerksamkeitsdefizit-Hyperaktivitätsstörung (ADHS). Diese Störung kann irrtümlicherweise als bipolare Störung diagnostiziert werden, insbesondere bei Jugendlichen und Kindern. Symptome überschneiden sich mit Symptomen der Manie, wie schnelles Sprechen, schnelles Denken, Ablenkbarkeit und geringeres Schlafbedürfnis. "Doppelzählungs" -Symptome für ADHS und bipolare Störung können vermieden werden, wenn der Kliniker klarstellt, ob die Symptome eine bestimmte Episode darstellen.

Persönlichkeitsstörungen. Persönlichkeitsstörungen, wie die Borderline-Persönlichkeitsstörung, können erhebliche symptomatische Überlappungen mit bipolaren Störungen aufweisen, da Stimmungsschwankungen und Impulsivität bei beiden Erkrankungen häufig sind. Für die Diagnose der bipolaren Störung sollten die Symptome eine deutliche Episode und eine merkliche Zunahme im Vergleich zum üblichen Verhalten des Individuums darstellen. Die Diagnose einer Persönlichkeitsstörung sollte nicht während einer unbehandelten Stimmungsepisode gestellt werden.

Erkrankungen mit ausgeprägter Reizbarkeit. Bei Personen mit erheblicher Reizbarkeit, insbesondere bei Kindern und Jugendlichen, sollte die Diagnose der bipolaren Störung nur bei Personen gestellt werden, die eine deutliche Manie- oder Hypomanie-Episode hatten, dh einen bestimmten Zeitraum, in dem sich die Reizbarkeit deutlich vom üblichen Verhalten der Person unterschied und mit dem Auftreten der Symptome von Kriterium B einherging. Wenn die Reizbarkeit eines Kindes andauernd und besonders schwerwiegend ist, ist die Diagnose einer disruptiven Störung der Stimmungsdysregulation angemessener. In der Tat ist es wichtig, dass die Symptome eine eindeutige Änderung seines typischen Verhaltens darstellen, wenn ein Kind auf Manie untersucht wird.

Komorbidität

Komrbide psychische Störungen sind häufig, wobei Angststörungen (z. B. Panikattacken, Angststörungen, soziale Phobie, spezifische Phobie) bei etwa drei Viertel der Personen auftreten. Jede Art disruptive Störung, ADHS, Störung der Impulskontrolle oder Verhaltensstörung (z. B. intermittierende explosive Störung, herausfordernde oppositionelle Störung, Verhaltensstörung) und jede Störung durch Substanzgebrauch (z. B. Alkoholmissbrauch). treten bei mehr als der Hälfte der Personen mit Typ-I-Bipolar-Störung auf. Erwachsene mit Typ-I-Bipolar-Störung leiden häufig an schweren und / oder unbehandelten komorbiden Erkrankungen. Metabolisches Syndrom und Migräne sind bei Menschen mit bipolarer Störung häufiger als in der Allgemeinbevölkerung. Mehr als die Hälfte der Menschen, deren Symptome die Kriterien für eine bipolare Störung erfüllen, leiden an einer Alkoholkonsumstörung, und bei denen mit beiden Störungen besteht ein hohes Selbstmordrisiko.

Diagnosekriterien für die Hypomanie-Episode

A. Eine ausgeprägte Periode abnormaler und anhaltend erhöhter, expansiver oder gereizter Stimmung und abnormaler und anhaltender Zunahme der Aktivität oder Energie, die mindestens vier aufeinanderfolgende Tage andauert und fast täglich den größten Teil des Tages ausmacht.

B. Während der Zeit der Stimmungsstörung und der Zunahme von Energie und Aktivität bestehen drei (oder mehr) der folgenden Symptome (vier, wenn die Stimmung nur reizbar ist) fort, stellen eine merkliche Veränderung gegenüber dem üblichen Verhalten dar und sind in erheblichem Maße vorhanden:

1. Überhöhtes Selbstwertgefühl oder Grandiosität.

2. Reduzierter Schlafbedarf (z. B. nur drei Stunden Schlaf).

3. Gesprächiger als gewöhnlich oder Druck, weiterzureden.

4. Ideenflucht oder subjektive Erfahrung, dass sich die Gedanken beschleunigen.

5. Ablenkbarkeit (Aufmerksamkeit wird zu leicht durch unbedeutende oder irrelevante äußere Reize abgelenkt), wie berichtet oder beobachtet.

6. Erhöhte zielgerichtete Aktivität (ob sozial, bei der Arbeit oder in der Schule oder sexuell) oder psychomotorische Unruhe.

7. Übermäßige Beteiligung an Aktivitäten mit hohem Potenzial für schädliche Folgen (z. B. Beteiligung an ungezügelten Schüben von Einkäufen, sexueller Indiskretion oder unklugen Finanzinvestitionen).

C. Die Episode geht mit einer deutlichen Änderung des Verhaltens einher, die außerhalb der Symptomatik für den Betroffenen nicht charakteristisch ist.

D. Stimmungsstörungen und Funktionsänderungen können von anderen Personen beobachtet werden.

E. Die Episode ist nicht schwerwiegend genug, um das soziale oder berufliche Funktionieren ernsthaft zu beeinträchtigen oder einen Krankenhausaufenthalt zu erfordern. Bestehen psychotische Eigenschaften, ist die Episode per Definition manisch.

F. Die Episode ist nicht auf die physiologischen Wirkungen einer Substanz zurückzuführen (z. B. Drogenmissbrauch, Medikament, andere Behandlung).

Anmerkung 1: Eine vollständige hypomanische Episode, die während der Behandlung mit Antidepressiva auftritt (z. B. medikamentöse Behandlung, Elektrokrampftherapie), aber in einem Ausmaß von Anzeichen und Symptomen anhält, das über die physiologische Wirkung einer solchen Behandlung hinausgeht, ist ein ausreichender Beweis für die Diagnose einer hypomanischen Episode. Es ist jedoch Vorsicht geboten, da 1 oder 2 Symptome (hauptsächlich erhöhte Reizbarkeit, Nervosität oder Erregung nach Anwendung von Antidepressiva) nicht als ausreichend für die Diagnose einer hypomanen Episode angesehen werden und auch nicht notwendigerweise auf eine bipolare Diathese hindeuten.
Anmerkung 2: Die Kriterien A-F repräsentieren eine hypomanische Episode. Diese Episoden treten häufig bei BS Typ I auf, sind jedoch für die Diagnose dieser Störung nicht erforderlich.
Quelle: Diagnostisches und statistisches Handbuch für psychische Störungen (APA, 2018).

Schwere Depressive Episode

A. Fünf (oder mehr) der folgenden Symptome traten während derselben zweiwöchigen Periode auf und stellten eine Veränderung gegenüber der vorherigen Funktionsweise dar; Mindestens eines der Symptome ist (1) depressive Verstimmung oder (2) Verlust von Interesse oder Vergnügen. **Hinweis**: Schließen Sie keine Symptome ein, die eindeutig auf eine andere Krankheit zurückzuführen sind.

1. Die meiste Zeit des Tages, fast jeden Tag, depressive Stimmung, entsprechend subjektiven Meldungen (z. B. sich

traurig, leer oder hoffnungslos zu fühlen) oder durch Beobachtungen von jemand anderem (z. B. er ist offenbar weinerlich). (**Hinweis**: Bei Kindern und Jugendlichen kann es zu Reizzuständen kommen).

2. Starke Abnahme des Interesses oder der Lust an allen oder den meisten Aktivitäten den größten Teil des Tages, die meisten Tage (wie durch subjektive Berichterstattung oder Beobachtung durch eine andere Person angezeigt).

3. Signifikanter Gewichtsverlust oder Zunahme ohne entsprechende Diät (z. B. mehr als 5% Veränderung des Körpergewichts in einem Monat) oder verminderter oder gesteigerter Appetit fast täglich. (Hinweis: Berücksichtigen Sie bei Kindern, dass die erwartete Gewichtszunahme nicht eintrifft.)

4. Fast tägliche Schlaflosigkeit oder Hypersomnie.

5. Psychomotorische Unruhe oder Verzögerung fast jeden Tag (von anderen zu beobachten; nicht nur subjektive Gefühle der Unruhe oder Verlangsamung).

6. Müdigkeit oder Energieverlust fast jeden Tag.

7. Gefühle von Wertlosigkeit oder übermäßiger oder unangemessener Schuld (die täuschen kann) fast jeden Tag (nicht nur Selbstdiskriminierung oder Schuldgefühle wegen Krankheit).

8. Verminderte Fähigkeit zu denken, sich zu konzentrieren oder fast jeden Tag unentschlossen zu bleiben (durch subjektive Berichte oder Beobachtungen anderer).

9. Wiederkehrende Todesgedanken (nicht nur Todesangst), wiederkehrende Suizidgedanken ohne spezifischen Plan, Selbstmordversuch oder spezifischen Plan, Selbstmord zu begehen.

B. Die Symptome verursachen klinisch signifikante Belastungen oder Beeinträchtigungen in sozialen, beruflichen oder anderen wichtigen Funktionsbereichen.

C. Die Episode ist nicht auf die physiologischen Wirkungen einer Substanz oder eines anderen medizinischen Zustands zurückzuführen.

Anmerkung 1: Die Kriterien A-C stellen eine schwere Depression dar. Diese Art von Episode tritt häufig bei BS Typ I auf, obwohl dies für die Diagnose dieser Störung nicht erforderlich ist. **Hinweis 2**: Zu den Reaktionen auf einen erheblichen Verlust (z. B. Todesfall, finanzieller Ruin, Verlust durch Naturkatastrophen, schwere Krankheit oder Behinderung) können Gefühle intensiver Traurigkeit, Grübeln, Verlust, Schlaflosigkeit, Appetitlosigkeit und Gewichtsverlust gehören wie in Kriterium A beschrieben, die einer depressiven Episode ähneln können. Obwohl solche Symptome verstanden werden oder als angemessen für den Verlust angesehen werden können, sollte das Vorhandensein einer schweren depressiven Episode zusätzlich zu der normalen Reaktion auf einen signifikanten Verlust ebenfalls sorgfältig in Betracht gezogen werden. Diese Entscheidung erfordert zwangsläufig die Ausübung eines klinischen Urteils, das auf der Geschichte und den kulturellen Normen des Einzelnen beruht, Leiden im Zusammenhang mit einem Verlust auszudrücken.

Quelle: Diagnostisches und statistisches Handbuch für psychische Störungen. (APA, 2018).

Diagnosemerkmale

Die Bipolare Störung Typ-II ist gekennzeichnet durch einen klinischen Verlauf von wiederkehrenden Stimmungsepisoden, die aus einer oder mehreren Episoden einer schweren Depression (Kriterien A-C der "schweren Depressiven Episode") und mindestens einer hypomanischen Episode (Kriterien A-F der "Hypomanie Episode"). Die schwere Depression sollte mindestens zwei Wochen und die Hypomanie mindestens vier Tage dauern, um die diagnostischen Kriterien zu erfüllen. Während der Stimmungsepisode(n) sollte die erforderliche Menge an Symptomen fast täglich fast den ganzen Tag vorhanden sein, und die Symptome eine merkliche Änderung des üblichen Verhaltens und der Funktionsweise darstellen. Das Vorliegen einer manischen Episode während des Krankheitsverlaufs schließt die Diagnose einer Typ-II-Bipolar-Störung aus (Kriterium B der "Typ-II-Bipolar-Störung"). Episoden einer substanz- / arzneimittelinduzierten depressiven Störung oder einer bipolaren Störung und einer damit zusammenhängenden substanz- / arzneimittelbedingten Störung (aufgrund physiologischer Wirkungen eines Arzneimittels, anderer somatischer Behandlungen bei Depressionen, Drogenmissbrauch oder Toxinexposition) oder einer depressiven Störung und einer damit zusammenhängenden Störung aufgrund eines anderen medizinischen Zustands, oder einer bipolaren Störung und einer verwandten Störung aufgrund eines anderen medizinischen Zustands zählen nicht zur Diagnose einer bipolaren Störung des Typs II, es sei denn, sie bestehen über die physiologischen Wirkungen der Behandlung oder Substanz hinaus und erfüllen die Dauerkriterien für eine Episode. Darüber hinaus sollten Episoden nicht besser durch eine schizoaffektive Störung erklärt werden können und nicht eine Schizophrenie, eine schizophreniforme Störung, eine Wahnstörung oder eine Störung aus dem Spektrum Schizophrenie oder andere spezifizierte psychotischen Störungen oder eine Störung aus dem schizophrenen Spektrum und andere nicht näher bezeichnete psychotische Störungen überlagern. (Kriterium C des "BS Typ II").

Depressive Episoden oder hypomanische Oszillationen sollten klinisch signifikante Belastungen oder Beeinträchtigungen in sozialen, beruflichen oder anderen wichtigen Funktionsbereichen verursachen (Kriterium D in "BS Typ II"); Für hypomanische Episoden muss diese Voraussetzung jedoch nicht erfüllt sein. Eine submanische Episode, die eine signifikante Beeinträchtigung verursacht, könnte als manische Episode und als Diagnose einer lebenslangen bipolaren I-Störung diagnostiziert werden. Rezidivierende Episoden einer schweren Depression treten in der Regel häufiger und länger auf als solche mit Typ-I-Bipolarität.

Patienten mit Typ-II-Bipolarität melden sich in der Regel während einer schweren Depression beim Arzt und klagen anfangs wahrscheinlich nicht über Hypomanie. Im Allgemeinen verursachen hypomanische Episoden keine Schädigungen an sich. Die Beeinträchtigung ist vielmehr eine Folge schwerwiegender depressiver Episoden oder des anhaltenden Musters unvorhersehbarer Stimmungsänderungen und -schwankungen sowie der Instabilität des zwischenmenschlichen oder beruflichen Funktionierens. Personen mit Typ-II-Bipolar-Störung betrachten hypomanische Episoden möglicherweise nicht als pathologisch oder schädlich, obwohl andere durch ihr irritierendes Verhalten gestört werden können. Klinische Informationen von anderen, wie engen Freunden oder Verwandten, sind häufig hilfreich, um eine Diagnose der Typ-II-Bipolar Störung zu stellen.

Eine hypomanische Episode sollte nicht mit der mehrtägigen Euthymie und Wiederherstellung der Energie oder Aktivität verwechselt werden, die nach der Remission einer depressiven Episode auftreten kann. Trotz erheblicher Unterschiede in Dauer und Schweregrad zwischen einer manischen Episode und einer hypomanischen Episode stellt die bipolare Störung vom Typ II keine "mildere Form" der bipolaren Störung vom Typ I dar. Im Vergleich zu Personen mit bipolarer Störung vom Typ I, weisen solche mit bipolarer Störung Typ II eine höhere Chronizität der Krankheit auf und verbringen im Durchschnitt mehr Zeit in der depressiven Phase, die schwerwiegend und / oder behindernd sein kann. Depressive Symptome während einer hypomanischen Episode oder hypomanische Symptome während einer depressiven Episode sind bei Personen mit Typ-II-Bipolar-Störung häufig und treten häufiger bei Frauen auf, insbesondere bei Hypomanie mit gemischten Merkmalen. Personen mit Hypomanie mit gemischten Eigenschaften charakterisieren ihre Symptome möglicherweise nicht als Hypomanie, sondern erleben sie als Depression mit erhöhter Energie oder Reizbarkeit.

Weitere Merkmale zur Unterstützung der Diagnose

Ein häufiges Merkmal der Typ-II-Bipolar-Störung ist die Impulsivität, die zu Selbstmordversuchen und Störungen wegen Substanzkonsums beitragen kann. Impulsivität kann auch von einer komorbiden Persönlichkeitsstörung, Störung wegen

Substanzmissbrauch, Angststörung, einer anderen psychischen Störung oder einer Krankheit herrühren. Bei einigen Personen mit bipolarer Störung kann die Kreativität gesteigert sein. Die Beziehung kann jedoch nichtlinear sein; Das heißt, große schöpferische Leistungen im Leben wurden mit milderen Formen der bipolaren Störung in Verbindung gebracht, und von nicht betroffenen Familienmitgliedern wurde größere Kreativität festgestellt. Die Zufriedenheit einer Person mit der gesteigerten Kreativität während hypomanischer Episoden kann zur Ambivalenz bei der Suche nach einer Behandlung oder zur Beeinträchtigung ihrer Einhaltung beitragen.

Prävalenz

Die 12-monatige Prävalenz der Typ-II-Bipolar-Störung beträgt international 0,3%. In den Vereinigten Staaten liegt die 12-Monats-Prävalenz bei 0,8%. Die Prävalenzrate der bipolaren Störung Typ II bei Kindern ist schwer zu bestimmen. In DSM-IV führten bipolare Störungen vom Typ I, bipolare Störungen vom Typ II und bipolare Störungen ohne weitere Angaben zu einer kombinierten Prävalenzrate von 1,8% bei Stichproben in Gemeinden in den USA und im Ausland, mit höheren Raten (inklusive 2,7%) bei jungen Menschen ab 12 Jahren.

Entwicklung und Verlauf

Obwohl die bipolare Störung des Typs II in der späten Jugend und im Erwachsenenalter auftreten kann, liegt das durchschnittliche Erkrankungsalter bei etwa 25 Jahren, was im Vergleich zur bipolaren Störung des Typs I früher und im Vergleich zu schweren Depressionen etwas später liegt. Normalerweise beginnt die Krankheit mit einer depressiven Episode und wird erst als Typ-II-Bipolare Störung erkannt, wenn eine hypomanische Episode einsetzt, die bei etwa 12% der Menschen mit einer Erstdiagnose einer schweren depressiven Störung auftritt. Angststörung, Substanzgebrauch oder Essstörung können ebenfalls der Diagnose vorausgehen und deren Erkennung erschweren. Viele Menschen haben mehrere Episoden schwerer Depressionen, bevor die erste hypomanische Episode identifiziert wird.

Die Anzahl der Episoden im Leben (hypomanische und schwere Depression) ist bei BS Typ II tendenziell höher als bei schwerer Depression oder BS Typ I. Bei Personen mit Bipolarer I-Störung ist die Wahrscheinlichkeit hypomanischer Symptome jedoch höher als bei Personen mit Bipolarer Störung Typ II. Das Intervall zwischen Stimmungsepisoden im Verlauf einer Typ-II-Bipolar-Störung verkürzt sich tendenziell mit zunehmendem Alter. Während die hypomanische Episode das bestimmende Merkmal der Typ-II-Bipolaren Störung ist, halten depressive Episoden länger an und behindern im Laufe der Zeit gravierender. Trotz des Vorherrschens der Depression, lautet die Diagnose Bipolare

Störung II, sobald eine hypomanische Episode auftritt, und kehrt niemals zu der einer schweren depressiven Störung zurück.

Ungefähr 5 bis 15% der Personen mit Typ-II-Bipolar-Störung haben in den letzten 12 Monaten mehrere (vier oder mehr) Stimmungsschwankungen (hypomanisch oder schwer depressiv). Wenn vorhanden, wird dieses Muster mit dem "Fast Cycling" -Spezifizierer bezeichnet. Per Definition treten psychotische Symptome in hypomanischen Episoden nicht auf und scheinen bei bipolaren Episoden des Typs II weniger häufig zu sein als bei bipolaren Episoden des Typs I.

Wechsel von einer depressiven Episode zu einer manischen oder hypomanischen Episode (mit oder ohne gemischte Merkmale) kann entweder spontan oder während der Behandlung von Depressionen auftreten. Ungefähr 5 bis 15% der Personen mit Typ-II-Bipolar Störung entwickeln schließlich eine manische Episode, die die Diagnose unabhängig vom posterioren Verlauf in Typ-I-Bipolar Störung ändert.

Es ist oft eine Herausforderung, Kinder zu diagnostizieren, insbesondere solche mit nicht-episodischer Reizbarkeit und Übererregbarkeit (Fehlen klar definierter Phasen veränderter Stimmung). Nicht-episodische Reizbarkeit bei jungen Menschen ist mit einem erhöhten Risiko für Angststörungen und Depressionen im Erwachsenenalter verbunden, nicht jedoch für bipolare Störungen. Anhaltend gereizte Jugendliche weisen im Vergleich zu Jugendlichen mit bipolarer Störung niedrigere Familienquoten für bipolare Störungen auf. Für die Diagnose einer hypomanischen Episode müssen die Symptome des Kindes die in einem bestimmten Umfeld und einer bestimmten Kultur für ihren Entwicklungsstand zu erwartenden Symptome überschreiten. Im Vergleich zu Erwachsenen kann der Beginn der Typ-II-Bipolaren Störung im Kindes- oder Jugendalter mit einem schwereren Verlauf im Laufe des Lebens verbunden sein. Die dreijährige Inzidenzrate für das Auftreten der Typ-II-Bipolar-Störung bei Erwachsenen über 60 Jahren beträgt 0,34%. Die Unterscheidung von Personen über 60 Jahre mit frühem oder spätem Auftreten der Typ-II-Bipolar-Störung scheint jedoch keinen klinischen Nutzen zu haben.

Risikofaktoren und Genetische und physiologische Prognose

Das Risiko einer bipolaren Störung des Typs II ist bei Verwandten von Personen mit dieser Erkrankung tendenziell höher als bei Personen mit einer bipolaren Störung des Typs I oder einer schweren depressiven Störung. Es kann genetische Faktoren geben, die das Alter des Auftretens von bipolaren Störungen beeinflussen. Das Selbstmordrisiko bei bipolarer Störung Typ II: Etwa ein Drittel der Personen mit BS II berichtet von einem Selbstmordversuch im Lauf des Lebens. Die Prävalenzraten der Versuchung auf Lebenszeit bei Typ-I- und Typ-II-Bipolar Erkrankungen scheinen ähnlich zu sein (32,4% bzw. 36,3%). Die Letalität von Versuchen, die durch einen geringeren Anteil von Versuchen bis zur Vollendung des Suizids definiert wird, kann bei Personen mit bipolarer Störung des Typs II höher sein als bei Personen mit bipolarer Störung des Typs I. Es kann eine Assoziation zwischen genetischen Faktoren und einem erhöhten Risiko für Suizidverhalten bei Personen mit bipolarer Störung bestehen, einschließlich des 6,5-fach höheren Selbstmordrisikos bei Verwandten ersten Grades von Probanden mit bipolarer Störung des Typs II im Vergleich zu solchen mit bipolarer Störung I.

Funktionelle Folgen der bipolaren Störung des Typs II

Obwohl viele Menschen mit bipolarer Störung II zu einem voll funktionsfähigen Niveau zwischen den Stimmungsepisoden zurückkehren, weisen mindestens 15% zwischen den einzelnen Episoden weiterhin Störungen auf, und 20% wechseln direkt zu einer anderen Stimmungsepisode, ohne dass zwischen den einzelnen Episoden eine Wiederherstellung erfolgt. Die funktionelle Genesung ist weit hinter der Genesung von Symptomen der Typ-II-Bipolaren Störung zurückgeblieben, insbesondere im Hinblick auf die berufliche Genesung, was zu einem niedrigeren sozioökonomischen Status trotz eines im Vergleich zur Allgemeinbevölkerung gleichwertigen Bildungsniveaus führt. Personen mit Typ-II-Bipolar-Störung sind in kognitiven Tests schlechter als gesunde Personen und weisen mit Ausnahme des Gedächtnisses und der semantischen Fluenz eine ähnliche kognitive Beeinträchtigung auf wie Personen mit Typ-I-Bipolar-Störung. Die mit der Bipolaren Störung II verbundene kognitive Beeinträchtigung kann zu Arbeitsschwierigkeiten führen. Eine anhaltende Arbeitslosigkeit bei Personen mit bipolarer Störung ist mit einer größeren Anzahl von Episoden von Depressionen, höherem Alter, höheren Raten aktueller Panikstörung und der Vorgeschichte einer Störung des Alkoholkonsums im Laufe des Lebens verknüpft.

Differentialdiagnose

Schwere depressive Störung. Die vielleicht schwierigste zu berücksichtigende Differentialdiagnose ist eine schwere depressive Störung, die von hypomanischen oder manischen Symptomen begleitet sein kann, die nicht alle Kriterien erfüllen (weniger Symptome oder kürzere Dauer als für eine hypomanische Episode erforderlich). Dies gilt insbesondere für die Beurteilung von Personen mit Reizbarkeitssymptomen, die mit einer depressiven Störung oder einer bipolaren II-Störung in Verbindung gebracht werden können.

Zyklothymische Störung. Bei einer zyklothymischen Störung gibt es mehrere Perioden hypomaner Symptome und zahlreiche Perioden depressiver Symptome, die die Kriterien für die Symptomanzahl oder -dauer für eine schwere depressive Episode nicht erfüllen. Die bipolare Störung vom Typ II unterscheidet sich von der zyklothymischen Störung durch das Vorliegen einer oder mehrerer depressiver Episoden. Wenn nach den ersten zwei Jahren einer zyklothymischen Störung eine schwere Depression auftritt, wird eine zusätzliche Diagnose der bipolaren Störung II gestellt.

Schizophrenie-Spektrum-Störungen und andere verwandte psychotische Störungen. Die bipolare Störung vom Typ II sollte von psychotischen Störungen (z. B. schizoaffektive Störung, Schizophrenie und Wahnstörung) unterschieden werden. Schizophrenie, schizoaffektive Störung und Wahnerkrankung sind alle durch Perioden psychotischer Symptome gekennzeichnet, die ohne ausgeprägte Stimmungssymptome auftreten. Andere nützliche Überlegungen umfassen die damit verbundenen Symptome, den vorherigen Verlauf und die Familiengeschichte.

Panikstörung und andere Angststörungen. Angststörungen müssen in der Differentialdiagnose berücksichtigt werden und können häufig als komorbide Störungen vorliegen.

Störungen wegen Substanzkonsum. Störungen wegen Substanzkonsum sind Teil der Differentialdiagnose.

Aufmerksamkeitsdefizit- / Hyperaktivitätsstörung. Aufmerksamkeitsdefizit- / Hyperaktivitätsstörung kann irrtümlichwerweise als bipolare Typ-II-Störung diagnostiziert werden, insbesondere bei Jugendlichen und Kindern. Viele ADHS-Symptome wie schnelles Sprechen, schnelle Gedanken, Ablenkbarkeit und weniger Schlafbedürfnis überschneiden sich mit Hypomanie. "Doppelzählungssymptome" für ADHS und Typ-II-Bipolare Störung können vermieden werden, wenn der Kliniker klarstellt, ob die Symptome eine eindeutige Episode darstellen und ob die für die Diagnose der Typ-II-Bipolare Störung erforderliche merklich Zunahme gegenüber dem normalen Verhalten des Patienten vorhanden ist.

Persönlichkeitsstörungen. Dieselbe Konvention, die für ADHS angewendet wird, gilt für die Beurteilung von Persönlichkeitsstörungen wie der Borderline-Persönlichkeitsstörung einer Person, da Stimmungsschwankungen und Impulsivität bei Persönlichkeitsstörungen und der bipolar II Störung häufig sind. Die Symptome sollten eine eindeutige Episode darstellen, und das für die Diagnose der Typ-II-Bipolar-Störung erforderliche merkliche Anwachsen gegenüber dem normalen Verhalten der Person muss vorliegen. Die Diagnose einer Persönlichkeitsstörung sollte nicht während einer unbehandelten Stimmungsepisode gestellt werden, es sei denn, die Lebensgeschichte stützt das Vorliegen einer Persönlichkeitsstörung.

Andere bipolare Störungen. Die Diagnose der Typ-II-Bipolar-Störung sollte von der Typ-I-Bipolar-Störung unterschieden werden, indem beurteilt wird, ob in der Vergangenheit Manie-Episoden aufgetreten sind oder nicht. Es sollte von anderen spezifizierten bipolaren Störungen und verwandten Störungen oder bipolaren Störungen und verwandten Störungen, die nicht spezifiziert sind, unterschieden werden, indem das Vorliegen vollständiger Episoden von Hypomanie und Depression bestätigt wird.

Komorbidität

Typ II Bipolare Störung wird sehr oft mit einer oder mehreren komorbiden psychischen Störungen in Verbindung gebracht, wobei Angststörungen am häufigsten sind. Etwa 60% der Menschen mit Typ II BS leiden an drei oder mehr komorbiden psychischen Störungen. 75% haben Angststörungen; und 37% Substanzgebrauchsstörung. Kinder und Jugendliche mit bipolarer Störung vom Typ II haben eine höhere Rate an komorbiden Angststörungen als Kinder mit bipolarer Störung vom Typ I, und Angststörungen treten häufiger vor der bipolaren Störung auf. Angststörungen und Substanzstörungen treten bei Personen mit bipolarer Typ-II-Störung häufiger auf als in der Allgemeinbevölkerung. Etwa 14% der Menschen mit bipolarer Typ-II-Störung leiden an mindestens einer lebenslangen Essstörung, wobei Esszwang Störungen häufiger auftreten als Bulimia nervosa und Anorexia nervosa. Diese komorbiden Störungen scheinen normalerweise nicht einem Kurs zu folgen, der wirklich unabhängig von dem der bipolaren Störung ist; Sie haben starke Assoziationen mit Stimmungszuständen. Zum Beispiel sind Angststörungen und Essstörungen tendenziell eher mit depressiven Symptomen verbunden, und Substanzkonsumstörungen sind mäßig mit manischen Symptomen verbunden.

Differentialdiagnosen

Manie, insbesondere in den schwereren Formen, die mit paranoiden Wahnvorstellungen, Erregung und Reizbarkeit verbunden sind, kann schwierig von Schizophrenie zu unterscheiden sein, die im Allgemeinen inkongruentere Wahnvorstellungen mit Gemütszuständen und Symptomen der Schizophrenie nach Schneider erster Ordnung aufweist (zB. Verklanglichung des Denkens, auditive Halluzinationen, die sich auf den Patienten in der dritten Person beziehen), sowie negative Symptome wie affektive Dumpfheit. Größen-Wahnvorstellungen können auch bei Schizophrenie auftreten, jedoch ohne die bei der Manie beobachtete expansive oder euphorische Stimmung. Hypomanie kann mit normalen Stimmungen wie Freude und Gereiztheit verwechselt werden, die häufig positive oder negative auslösende Faktoren (wie gute oder schlechte Nachrichten) haben, die von anderen nicht unbedingt als vom üblichen Stimmungsmuster der Person abweichend empfunden werden und keinen Schaden verursachen oder eine Beteiligung an riskanten Aktivitäten oder ein vermindertes Schlafbedürfnis mit sich bringen. Hypomanie kann oder kann nicht auslösende Faktoren haben, die positiv oder negativ sein können, wie der Tod eines

Ehepartners. Hypomanie und Typ II Bipolare Störung können oft mit Persönlichkeitsstörungen wie asozial, narzisstisch, histrionisch und Borderline verwechselt werden. Das DSM-V löst das Problem dieser Differentialdiagnose, indem es die Komorbidität dieser Krankheitsbilder zulässt. Persönlichkeitsstörungen sind in der Regel chronischer, beginnen in der Kindheit oder im Jugendalter und sprechen schlechter auf eine medikamentöse Behandlung an. Die Familiengeschichte von Stimmungsstörungen hilft auch bei der Differentialdiagnose. (MORENO; MORENO, 2005).

Nach Angaben von Akiskal und anderen (2001 bei ebenda) sind Reizwahn und Hypomanie von unipolarer Depression zu unterscheiden. In diesem Fall ist die psychomotorische Erregung nicht so intensiv wie bei der BS. Depressive Stimmung ist häufig eher bei Depressionen als bei Hypomanie oder Manie vorhanden. Die Differentialdiagnose sollte auch bei Angststörungen gestellt werden, die häufig mit Depressionen einhergehen, wie beispielsweise generalisierte Angstzustände. Nach Ansicht des gleichen Autors können die Manien auch durch ängstliche Stimmung charakterisiert werden. Auch hier ist die Erregung durch generalisierte Angst geringer als die durch Manie. BS in der Familienanamnese hilft auch bei der Differentialdiagnose.

Impulskontrollstörungen wie Kleptomanie, Pyromanie und intermittierende explosive Störung sollten von Hypomanie und Manie unterschieden werden. Im Allgemeinen sind diese nur durch die fehlende Kontrolle der Impulsivität ohne Beschwerden über erhöhte Energie, psychomotorische Erregung oder verminderten Schlafbedarf gekennzeichnet, und bei der BS ist in der Regel auch die mangelnde Impulskontrolle stärker. Eine weitere wichtige Differenzialdiagnose ist die Substanzvergiftung oder -abstinenz, da die BS häufig mit Missbrauch oder Abhängigkeit von Alkohol oder anderen Substanzen einhergeht. Eine Differentialdiagnose ist häufig nur durch eine toxikologische Untersuchung von Blut oder Urin möglich.

> Die BS ist eine psychopathologische Erkrankung, die eine der längsten Diagnosen darstellt. Im Allgemeinen hat der Patient mehr als drei Ärzte konsultiert und mindestens drei falsche Diagnosen erhalten, bevor er ordnungsgemäß diagnostiziert wurde. Psychopathologien mit Zunahme der Impulse im Allgemeinen (Bulimie, OCD, Kleptomanie, etc.), im Zusammenhang mit Drogenkonsum, Angststörung, unipolare Depression, Psychose, Aufmerksamkeitsdefizit / Hyperaktivitätsstörung, *Borderline* Persönlichkeitsstörung des Verhaltens kann unter anderem als Komorbidität mit BS auftreten, zur Verschlimmerung manischer oder gemischter Symptome beitragen oder nur einen gemischten oder manischen Zustand darstellen. Die Differentialdiagnose kann durch das Vorhandensein einer familiären Vorgeschichte der BS oder Alkoholismus, frühem Alter, episodischer Evolution, gleichzeitiger Beschleunigung des Denkens und gesteigerter Energie und Aktivierung sowie durch Stimmungs- und affektive Veränderungen unterstützt werden. (ALCANTARA und andere, 2003)

Aufgrund des Ignorierens der hohen Prävalenz der Störungen aus dem bipolaren Spektrum (BS I und II, Zyklothymie, Hypomanie und BS ohne weitere Spezifikation) werden die jeweiligen Depressionen häufig mit ausschließlich unipolaren

Zuständen verwechselt. Darüber hinaus zeigten sich eine Reihe von voranzeigenden Faktoren einer bipolaren Störung bei für unipolar gehaltenen depressiven Personen auf Grundlage des klinisch-epidemiologischen und therapeutischen Wissens, das in den letzten Jahren angesammelt wurde:

- Familiengeschichte der BS bei Verwandten ersten Grades;
- Manie oder Hypomanie induziert durch Antidepressiva;
- Wiederkehrende oder kurzzeitige (durchschnittlich 3 Monate) depressive Episoden;
- Depression mit multiplen Begleiterkrankungen;
- Angststörung in Verbindung mit Substanzen;
- Persönlichkeitsstörung, Ernährungsstörung, Störung der Impulskontrolle;
- Verlust der antidepressiven Wirkung (akute, aber nicht anhaltende Reaktion);
- Nichtteilnahme an drei oder mehr Antidepressiv -Übungen

> Letztlich stellen die unipolaren Depressionen, oder zutreffender die nicht-bipolaren, gutartigere Bilder von Prognose und Verlauf dar, ohne psychotische Symptome, ohne Chronifizierung, ohne mehrfache Rückfälle und Begleitkrankheiten - und ohne therapeutische Resistenz oder Verschlechterung des Ansprechens auf Antidepressiva, die lebensalterlich später auftreten bei Patienten ohne familiengeschlichtliche Stimmungsstörung oder Alkoholismus. MORENO und andere, 2005 bei BARLOW, 2008).

Spezifische Merkmale

Die tägliche klinische Praxis mit Patienten mit Bipolarer affektiver Störung (BAS) zeigt, dass Fälle von Komorbidität recht häufig sind. Mehrere epidemiologische Studien, einschließlich der National Comorbidity Survey (NCS) (Kessler und andere, 1994, bei SANCHES; ASSUNCAO; HETEM, 2005) bestätigen diese Tatsache. Die Komorbiditätsraten bei Patienten mit BAS liegen je nach Methodik und Stichprobe zwischen 30% und fast 100%. Die Hauptkomorbiditäten bei BAS-Patienten sind Drogenmissbrauch und Angststörungen. Essstörungen, Persönlichkeitsstörungen und unter anderem Hypothyreose, Migräne und Fettleibigkeit sind ebenfalls häufig. Letztere treten häufiger bei Frauen als bei Männern mit BAS auf (ARNOLD, 2003 bei ebenda).

Die Prävalenz der BS ist bei beiden Geschlechtern gleich hoch im Unterschied zur Unipolaren Depression, bei der die Inzidenz bei Frauen höher ist: 1,9% Männer und 3,2% Frauen. Seine Manifestationen treten am häufigsten in Gruppen im Alter von 20 bis 30 Jahren auf. Studien zu genetischen Faktoren belegen auch ihre hohe Erblichkeit: zehnmal höher bei Verwandten ersten Grades mit einer Inzidenz von 67% bei monozygoten Zwillingen und 27% bei dizygoten Zwillingen. (KONRADI und andere, 2004, bei VIEIRA, 2006).

In der Literatur besteht jedoch kein Konsens über die Hauptkomorbiditäten bei der BS. Die Forschung zeigt: 74,9% jegliche Angststörungen; 42,3% Drogenmissbrauch und 70,1% Multimorbität. Meta-Analyse-Daten ergaben auch eine durchschnittliche Selbstmordrate von 15% bei BS-Patienten, etwa dreißigmal höher als in der Allgemeinbevölkerung. (MERINKANGAS, 2007 bei KAPCZINSK; QUEVEDO, 2009).

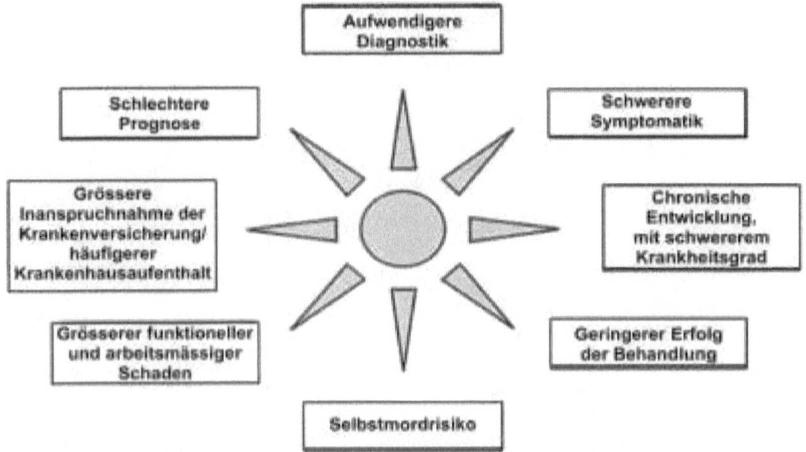

Abbildung 8. Die wichtigsten Komplikationen von Komorbiditäten. Ihr Vorhandensein behindert ausnahmslos die Diagnose und das klinische Management des BS-Patienten und ist mit einer schlechteren Prognose verbunden, sowohl in Bezug auf das Ansprechen auf die Behandlung als auch in Bezug auf die Remission. Daher muss ihre Identifizierung einer der grundlegenden Punkte in jedem Behandlungsprotokoll für diese Patienten sein (SOARES und andere, 2002 bei SANCHES; ASSUNCAO; HETEM, 2005).

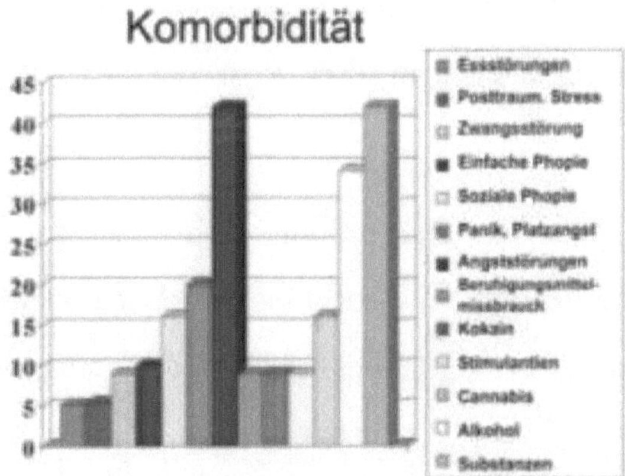

Abbildung 9. Tabelle mit den wichtigsten bei der bipolaren Störung vorkommenden Komorbiditäten (American Journal of Psychiatry, 2001, bei RIBEIRO; ORANGE; CIVIDANES, 2005).

Behandlungen

Die Behandlung des euthymischen Patienten sollte immer die Möglichkeit in Betracht ziehen, dass der Patient Manie und / oder Depressionen aufweist. Euthymie wird in der Regel als Symptomremission definiert, idealerweise ist dies jedoch die Zeit, in der der Patient nicht nur symptomlos, sondern funktional wieder in seine Routinetätigkeiten integriert ist. Ziel der Behandlung ist es daher, den Patienten symptomfrei zu halten. Daher ist das Hauptziel der Behandlung die Remission und nicht nur die klinische Antwort (Reduzierung der beobachteten Symptome um 50%), die üblicherweise als Ergebnismaß in klinischen Studien verwendet wird. Die Behandlung der bipolaren Störung gliedert sich in drei Phasen: Akut, Fortsetzung und Erhaltung.

Die Ziele der Behandlung in der akuten Phase sind die Behandlung der Manie, ohne Depression zu verursachen, und / oder die konsequente Verbesserung der Depression, ohne Manie zu verursachen. Die Phase der Fortsetzung zielt darauf ab, den Nutzen zu stabilisieren, Nebenwirkungen zu reduzieren, bis zur Remission zu behandeln, die Möglichkeit eines Rückfalls zu verringern und die allgemeine Funktionsfähigkeit zu verbessern. Schließlich sind die Ziele der Behandlung in der Erhaltungsphase: Manie und / oder Depression zu verhindern und die funktionelle Erholung zu maximieren, dh der Patient bleibt in Remission. (GOODWIN, 2003 bei SOUZA, 2005).

Es besteht auch die Notwendigkeit der Erhaltungsbehandlung der Bipolaren Störung (BS), da die Rückfallrate für die BS nach Absetzen der Lithium- oder Antipsychotika-Therapie auf 60% bis 80% und bei einigen anderen Behandlungsarten auf 20% bis 50% geschätzt wird. (YAZICI und andere, 2004 bei ebenda).

Darüber hinaus wird ein erheblicher Anteil der BS-Patienten, auch wenn sie in akuten Episoden engmaschig überwacht und angemessen behandelt werden, krankheitsbedingte Resterkrankungen aufweisen. Langfristige Behandlungsziele umfassen daher nicht nur die Prävention von Suizidverhalten und Wiederauftreten von Depressionen oder Manien, sondern auch die Verbesserung von subsyndromischen Symptomen, die Einhaltung der Behandlung, die Lebensqualität, Denken und funktionelle Ergebnisse.

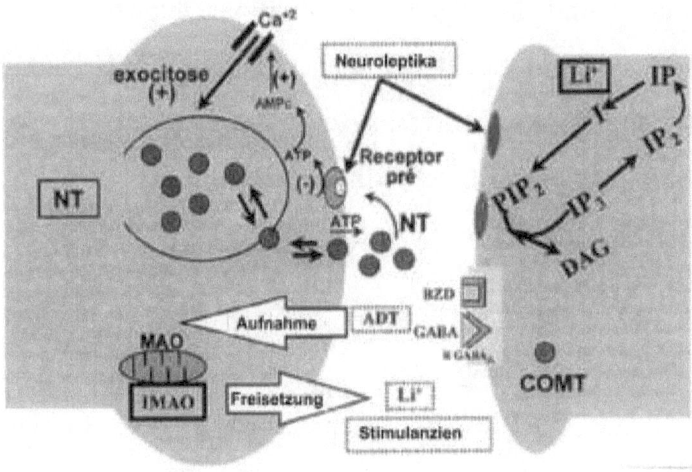

Abbildung 10. Illustratives Schema der Wirkorte der wichtigsten Psychopharmaka bei der synaptischen Übertragung. Antidepressiva hemmen Monoaminoxidase (MAO) und / oder Neurotransmitterrückgewinnung, Psychostimulanzien wirken auf Freisetzung, Neuroleptika blockieren Rezeptoren, Lithium hemmt die Freisetzung und stört den Phosphatidinylinositol-Zyklus. Benzodiazepine (BZDs) binden an eigene Rezeptoren in der Nähe des GABA-A-Rezeptors, wodurch die Wirkung dieses Transmitters verstärkt wird. (GORENSTEIN, 1999).

Psychotherapie und Stimmungsstabilisatoren

Obwohl eine pharmakologische Behandlung für die Behandlung der bipolaren Störung unabdingbar ist, bleiben nur 40% aller Patienten, die Medikamente einnehmen, während der Nachbeobachtungszeit asymptomatisch, was zur Entwicklung von damit verbundenen psychotherapeutischen Interventionen geführt hat. In diesem Zusammenhang betonen Knapp und Isolan (2005), dass die kognitive Verhaltenstherapie (Cognitive Behavioral Therapy, CBT) eine kurze, problemorientierte, problemlösende Therapie ist, bei der Patienten und Therapeuten aktiv zusammenarbeiten, um festgelegte Ziele zu erreichen. Die Ziele der CBT bei bipolaren Störungen sind:

1. Aufklärung von Patienten und Familienmitgliedern über bipolare Störungen, ihre Behandlung und die mit der Krankheit verbundenen Schwierigkeiten;

2. Lehren von Methoden zur Überwachung des Auftretens, der Schwere und des Verlaufs von Symptomen.

3. Erleichterung der Akzeptanz und Zusammenarbeit bei der Behandlung;

4. Anbieten von nicht-pharmakologischen Techniken, um mit Symptomen und Problemen umzugehen.

5. Hilfen für den Patienten, mit Stressfaktoren umzugehen, die die Behandlung beeinträchtigen.

6. Förderung der Akzeptanz der Krankheit;

7. Erhöhung der schützenden Wirkung der Familie;

8. Reduzierung des mit der Krankheit verbundenen Traumas und Stigmas.

Die kognitive Verhaltenstherapie (CBT - Cognitive behavioral therapy) ist der am häufigsten untersuchte psychotherapeutische Ansatz bei bipolaren Störungen. Mehrere Studien zeigen die Wirksamkeit dieser Technik bei der Behandlung von Patienten mit bipolarer Störung, einschließlich der nachfolgend genannten. Die erste kontrollierte Studie zur Evaluierung der CBT bei bipolaren Störungen wurde von Cochran (1984) durchgeführt, in der 28 bipolare Patienten evaluiert wurden und die individuelle CBT mit der üblichen Behandlung verglichen wurden. Cochran verfolgte einen Ansatz, der in erster Linie darauf abzielte, Erkenntnisse und Verhaltensweisen zu verändern, die die Einnahme von Medikamenten beeinträchtigen würden.

Patienten, die CBT erhielten, wiesen am Ende der sechswöchigen Behandlung und nach einer Nachbehandlung von sechs Monaten eine höhere Adhärenzrate und eine niedrigere Hospitalisierungsrate auf. Zaretsky und andere (1999) verglichen die Wirkung von 20 an bipolare Depressionen angepassten CBT-Sitzungen bei 11 bipolaren Depressionspatienten unter Verwendung von Stimmungsstabilisatoren mit 11 Kontrollpatienten mit einer Schweren Depression, die eine Standard-CBT erhielten. In beiden Gruppen war eine signifikante Abnahme der depressiven Symptome zu verzeichnen. Fava und andere (2001) untersuchten die CBT bei 15 Patienten, die trotz Einnahme von Medikamenten einen Rückfall erlitten hatten. Die Behandlung bestand aus zehn 30-minütigen Sitzungen pro Woche, die sich auf die Behandlung von Restsymptomen konzentrierten und Psychoedukation, kognitive Umstrukturierung und Expositionstherapie gegen depressive, Angst- und Reizbarkeitssymptome umfassten. Diese Behandlung erwies sich als wirksam bei der Behandlung von Restsymptomen und verlängerte die Remissionszeit der Krankheit. (KNAPP und ISOLAN, 2005).

Lam und andere (2000) führten eine der ersten kontrollierten Studien zur Bewertung der CBT bei 25 Patienten mit bipolarer Störung durch. In dieser Pilotstudie wurde festgestellt, dass die CBT über einen Zeitraum von 12 Monaten im Vergleich zur üblichen Behandlung eine signifikante Abnahme der bipolaren Episoden aufwies. Eine kürzlich durchgeführte klinische Studie von Lam und anderen (2003) analysierte 103 Patienten mit Typ-I-Bipolar-Störung, die häufige Rückfälle hatten und neben einer adäquaten medikamentösen Therapie zufällig für eine CBT oder eine herkömmliche Behandlung ausgewählt wurden. Die kognitive Verhaltensbehandlung bestand aus 14 Sitzungen in den ersten sechs Monaten und zwei zusätzlichen Sitzungen in den nächsten sechs Monaten. Über einen Nachbeobachtungszeitraum von 12 Monaten hatten CBT-Patienten signifikant weniger Stimmungsepisoden, weniger Tage in einer bipolaren Stimmungsepisode, weniger Krankenhausaufenthalte, weniger subsyndrome Symptome, eine bessere Bewältigung manischer Prodrome und eine bessere soziale Funktionsweise. Nach zweijähriger Nachverfolgung derselben klinischen Studie (Lam und andere, 2005) wurde kein signifikanter Effekt auf die Rückfallreduktion festgestellt, obwohl die Gruppe, die eine kognitive Therapie erhielt, erneut eine signifikante Reduzierung der Anzahl der Tage mit bipolaren Stimmungsstörungen aufwies mit einer signifikanten Verbesserung der Stimmungsskalen, der sozialen Funktionsweise, der Bewältigungsstrategien von Depressions- und Manieprodromen und der gestörten zwischenmenschlichen Einstellungen. (KNAPP und ISOLAN, 2005).

Die Entwicklung der BS ist komplexer aufgrund der Variabilität der klinischen Formen. Es wurde vereinbart, die Länge jeder Episode durch Zählen der zwischen dem Beginn und dem Ende jeder Phase verstrichenen Zeit zu messen. In Studien aus der Zeit vor dem Aufkommen der Psychopharmaka dauerten die Episoden 4 bis 13 Monate, die asymptomatischen Intervalle wurden kürzer und die Episoden länger, bis sie sich ab der vierten oder fünften Episode stabilisierten (SELLARO, 2000 bei BARLOW, 2008).

Arzneimittel sind bei der Behandlung der bipolaren Störung von entscheidender Bedeutung, um die Intensität und Anzahl der Episoden der Störung zu verringern. Die Notwendigkeit dieser Therapie kann durch die starke genetische und biologische Belastung der Krankheit gerechtfertigt sein. Schließlich können Gene und Hirnverletzungen nicht geheilt werden, aber Funktionsstörungen können kontrolliert werden. Die richtige Anwendung von Stabilisatoren wie zum Beispiel Lithiumcarbonat senkt die Sterblichkeit (durch Selbstmord, Unfälle und Krankheiten infolge von Immunerkrankungen des Körpers) in der Regel um das bis zu Siebenfache. Stimmungsstabilisatoren sollten schon zu Beginn der Behandlung eingeführt werden und sollten die meiste Zeit vorhanden sein und können nur dann ausgetauscht oder entfernt werden, wenn eine eindeutig damit verbundene signifikante Beeinträchtigung vorliegt.

Medikamente sollten auch verschrieben werden, um die Instabilität der psychischen und körperlichen Funktionen - wie Schlaf und Appetit - zu verringern. Diese Basistherapie muss als langfristige Strategie bewertet werden, da ihre Ergebnisse erst nach Monaten oder sogar Jahren deutlicher sichtbar werden. In akuten Phasen werden Antidepressiva oder Antipsychotika und Benzodiazepine häufig in der manischen und gemischten Phase eingesetzt.

Die Pharmakologie hat jedoch Grenzen. Sogar verbleibende Symptome zwischen den Phasen sind nicht immer vollständig kontrollierbar. Darüber hinaus ist es Teil des klinischen Zustands des Patienten, nicht zu glauben, dass er ein Problem hat. Genau aus diesem Grund spielt die Psychotherapie, obwohl sie allein nicht ausreicht, eine grundlegende Rolle, um dem Menschen zu helfen, sich selbst besser zu kennen, sich seiner selbst bewusster zu werden und zu lernen, die Symptome zu erkennen. Eine wichtige Funktion der Therapie besteht darin, die Einhaltung der pharmakologischen Behandlung durch den Patienten zu fördern, da eine der Hauptursachen von Krisen der Behandlungsabbruch ist.

Chemische Bezeichnung	Gewerbliche Bezeichnung
Valproinsäure	Dekapene, Valkapine
Carbamazepin	Tegretard, Tegretol
Litiumcarbonat	Carbolim, Carbolitiom, Litiocar, Neurolith
Natriumdivalproat	Depakote
Gabapentin (AC)	Neurotonin, Progresse
Lamotrigin (AC)	Neurotonin, Progresse

Tabelle 6. Wichtigste Psychopharmaka zur Behandlung der BS (BALLONE, 2008).

In den akuten Phasen der Krankheit spielt der Psychologe jedoch nur eine unterstützende Rolle und beschränkt sich auf Unterstützung durch Linderungstechniken, die die Einhaltung der medikamentösen Behandlung erleichtern und es überflüssig machen, nach psychischen Bedeutungen für Krisen zu suchen oder diese zu diskutieren, da die intensiven Symptome des Patienten den tieferen therapeutischen Prozess unproduktiv machen. Nach der Akutphase ist eine Rehabilitationsphase mit dem Schwerpunkt „Psychoedukation" erforderlich.

In dieser Zeit ist die psychologische Beratung in der Regel entscheidend für eine so schwierige wie notwendige Aufgabe: die Rekonstruktion des persönlichen Lebens nach einer Stimmungs-Episode, da sich die Person nach einem schwerwiegenden

Auftreten der Krankheit häufig emotional sehr betroffen fühlt. Es stellt sich heraus, dass die Arbeit und das soziale Leben ernsthaft durcheinander geraten sind und sich die Beziehungen zu Ehepartnern, Kindern, Freunden und Familienangehörigen verschlechtert haben. In den schwerwiegendsten Fällen ist die Hilfe eines therapeutischen Begleiters oder Ergotherapeuten erforderlich, um die Person dabei zu unterstützen, einfache Fähigkeiten wie das alleine Baden oder das Abheben von Geld bei der Bank wiederzugewinnen.

Aufrechterhaltung der ersten Wahl

a) **LITHIUM:** Es gibt gute Hinweise darauf, dass Lithium als Monotherapie bei der Erhaltungstherapie der BS eingesetzt wird. Eine Metaanalyse von Studien, die vor 1990 durchgeführt wurden, legt nahe, dass die prophylaktische Wirkung von Lithium zur Vorbeugung manischer Episoden größer ist als die von depressiven Episoden. Dies wurde in jüngsten klinischen Studien bestätigt, die einen deutlichen Nutzen bei der Vorbeugung von Manie zeigten, jedoch keinen bei Depression. Lithium hat auch Antisuizideigenschaften. Das rasche Absetzen der Lithiumtherapie ist mit hohen Rückfallraten bei bipolaren Patienten verbunden, auch nach einem guten Ansprechen und einer guten Periode ohne akute Episode.

Wenn Lithium abgesetzt wird, sollte dies schrittweise erfolgen. (GOODWIN & JAMISON, 1990, bei GORENSTEIN, 1999).

b) LAMOTRIGIN: Klinische Studien haben die Wirksamkeit von Lamotrigin zur BS-Rückfallprävention bei Patienten mit neueren manischen, depressiven oder schnellen Wechsel-Episoden gezeigt. Lamotrigin ist bei längerer Anwendung bei manischen Episoden dem Placebo überlegen. Dieses Medikament sollte nicht als Monotherapie für bipolare Patienten verwendet werden, wenn die Prävention von Manierückfällen das Hauptziel ist. Lamotrigin scheint Vorteile für Patienten mit Rapid-Cycling-Typ-II-BS zu haben, und in einigen Fällen ist eine Lamotrigin-Monotherapie ausreichend.

c) VALPROINSÄURE: Obwohl eine randomisierte klinische Studie nicht zeigte, dass Valproinsäure dem Placebo bei der Vorbeugung eines Rückfalls bipolarer Episoden überlegen ist, war sie bei der Vorbeugung neuer Episoden genauso wirksam wie Lithium oder Olanzapin. In dieser negativen klinischen Studie zeigten weder Lithium noch Valproinsäure eine Überlegenheit im primären Wirksamkeitsmaß. Eine Subanalyse ergab jedoch, dass Valproinsäure bei schwerkranken Patienten dem Placebo überlegen war. Da Blind-Studien und eine kontrollierte offene Studie gezeigt haben, dass Valproinsäure mit den verglichenen Wirkstoffe gleichwertig ist, sollte Valproinsäure zusammen mit der großen Erfahrung und der hervorragenden Verträglichkeit dieses Medikaments als erste

Behandlungslinie betrachtet werden. (KUKOPULOS und andere, 1980 bei ebenda);

d) OLANZAPIN: Die Behandlung mit Olanzapin senkt die Rückfallrate bei depressiven und manischen Episoden im Vergleich zu Placebo signifikant und verlängert die Remission genauso wirksam wie Valproinsäure und Lithium.

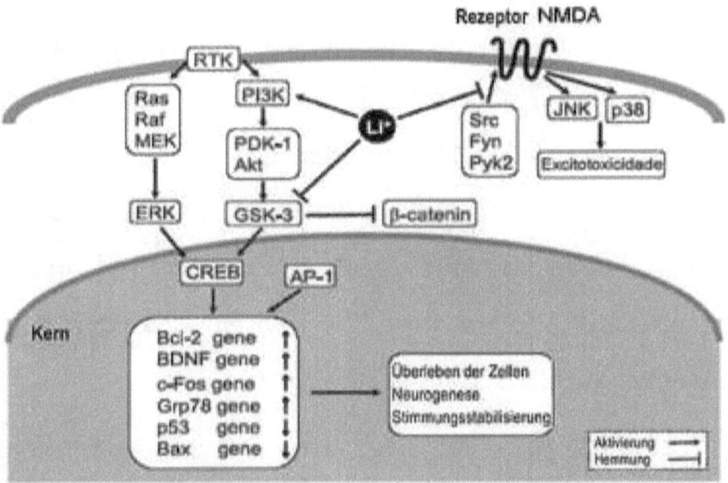

Abbildung 11. Lithium-Neuroprotektionsmechanismen (WADA und andere, 2005 bei ZUNG; MICHELON; CORDEIRO, 2010).

Aufrechterhaltung der zweiten Wahl

a) CARBAMAZEPIN: Es gibt keine groß angelegten, doppelblinden, kontrollierten Placebostudien, in denen die Wirksamkeit von *Carbamazepin* bei der Erhaltungstherapie der BS untersucht wurde. Die meisten Studien, aber nicht alle, haben jedoch gezeigt, dass *Carbamazepin* eine bessere

Wirksamkeit als *Lithium* aufweist und kann eine bessere prophylaktische Wirksamkeit als Lithium bei Patienten mit nicht klassischer manischer Präsentation aufweisen (z. B. stimmungsinkongruente Bilder, Typ-II-BS-Komorbiditäten).

b) ANDERE Atypische Antipsychotika: *Aripiprazol* verlängert signifikant die Zeit bis zum erneuten Auftreten und reduziert die Anzahl der Stimmungsstörungen im Vergleich zu einem Placebo signifikant in einer 6-monatigen klinischen Studie. Eine Unteranalyse ergab jedoch, dass *Aripiprazol* dem Placebo bei der Vorbeugung von Manie überlegen war, aber nicht bei Depressionen. Daher wird dieses Medikament bis heute als Zweitlinientherapie für bipolare Patienten mit überwiegend manischen Episoden empfohlen. (KLEINDIENST und andere, 2000 bei MACHADO-VIEIRA, 2003).

> Es gibt keine doppelblinden klinischen Studien, in denen die Langzeitwirksamkeit von Risperidon, Quetiapin oder Ziprasidon auf die BS untersucht wird. Daten aus offenen Studien legen nahe, dass Risperidon in Kombination mit Lithium, Valproinsäure oder Topiramat eine nachhaltige Verbesserung der BS bewirken kann. Quetiapin allein oder mit Stimmungsstabilisatoren und Ziprasidon-Monotherapie haben in offenen Studien ebenfalls eine langfristige Verbesserung gezeigt. (MACHADO-VIEIRA, 2003).

Aufrechterhaltung der dritten Wahl

a) CLOZAPIN: Die kombinierte Behandlung mit *Clozapin* war in einer kleinen randomisierten 6-monatigen klinischen Studie signifikant besser als die übliche Behandlung. Hinweise aus der schizophrenen Literatur zeigen, dass *Clozapin* selbstmordhemmende Eigenschaften besitzt, was auf die Rolle dieses Wirkstoffs bei einigen BS-Patienten hinweist.

b) **ECT (*Electroconvulsive therapy*)**: Evidenzien aus einer Fallserie deutet darauf hin, dass die Erhaltungstherapie (in der Regel in Verbindung mit Medikamenten) die Zahl der BS-Krankenhauseinweisungen verringert. Eine Studie kam jedoch zu dem Schluss, dass die ECT einen akuten, aber nicht langfristigen positiven Effekt auf die Suizidgedanken / das Suizidverhalten bei Patienten mit Stimmungsstörungen hat (SHARMA und andere, 2001 bei ebenda).

Nicht empfohlene Aufrechterhaltung

a) **BENZODIAZEPINE:** Eine systematische Bewertung von Benzodiazepinen als Prophylaxe bei BS wurde nie durchgeführt, aber Faktoren wie Abhängigkeit, Rebound-Angst, Gedächtnisstörung und Abbruch-Syndrom sprechen gegen eine langfristige Anwendung. Die mangelnde prophylaktische Wirksamkeit und die mit der Langzeitanwendung verbundenen Risiken weisen daher nicht auf dieses Medikament bei der Erhaltungstherapie der BS hin.

Kombinationstherapie

Die Kombinationstherapie ist eine wichtige Option für Patienten, die nicht auf die Behandlung mit Erstlinientherapie angesprochen haben. Es gibt jedoch keine systematischen Vergleiche der Monotherapie mit der Verwendung von Kombinationsbehandlungen, und es gibt nur wenige Anhaltspunkte dafür, eine Kombination einer anderen vorzuziehen. Kombinationen, die sich als wirksam erwiesen haben, umfassen: Lithium + Valproinsäure oder Carbamazepin; sowie Lithium oder Valproinsäure + Olanzapin oder Risperidon. Daten zu Lithium + Lamotrigin liegen nicht vor, diese Kombination wird jedoch aufgrund der bestätigten prophylaktischen Wirkung als Monotherapie empfohlen. (TONDO und andere, 1997, bei SOUZA, 2005).

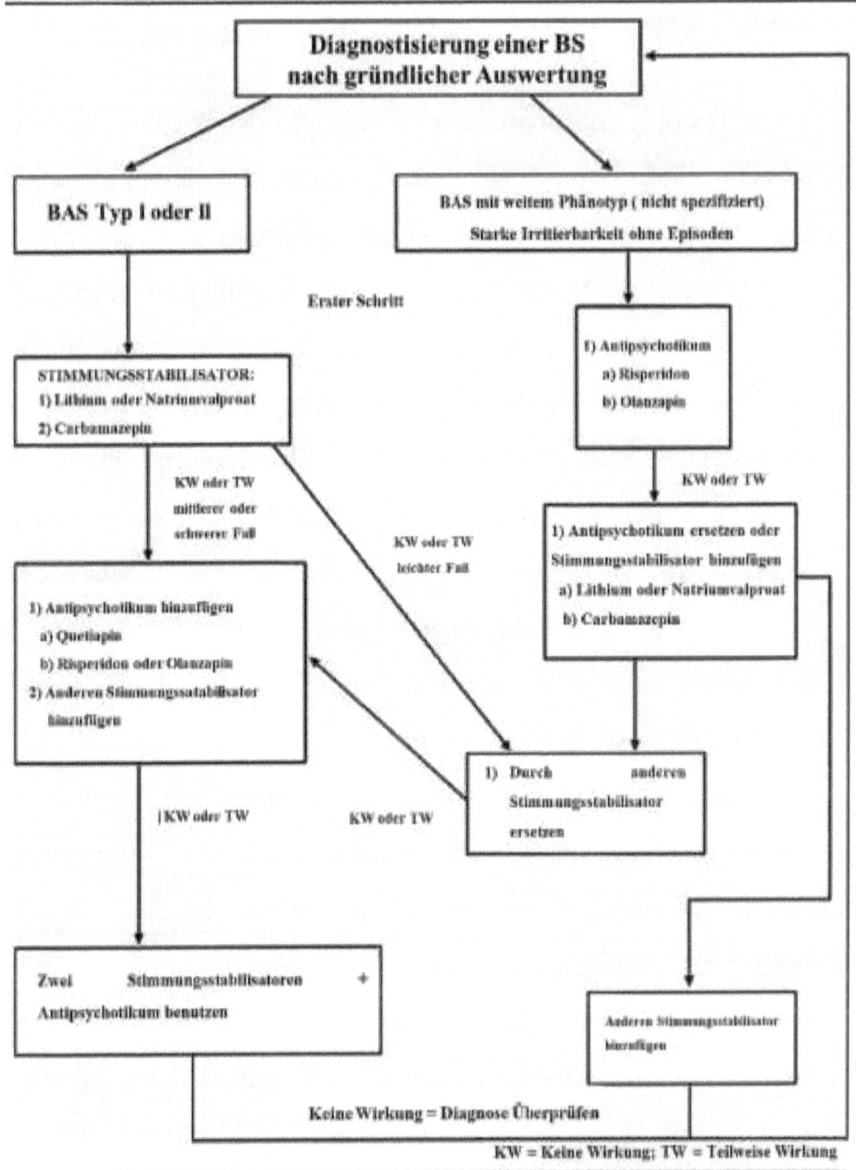

Abbildung 12. Algorithmus zur pharmakologischen Behandlung von BAS
(MEDPLAN, 2008)

Monotherapie mit Antidepressiva

Obwohl Antidepressiva in akuten depressiven Episoden wirksam sind, kommt eine Überprüfung von 7 randomisierten kontrollierten Studien mit Antidepressiva (überwiegend trizyklischen) als Monotherapie oder in Kombinationstherapie zu dem Ergebnis, dass sie zukünftige Episoden nicht wirksam verhindern. In einer Erhaltungsstudie von 1973 traten bei 12% der Patienten mit Lithiumkonsum, 33% der Patienten mit Placebo und 66% der Patienten mit Imipramin-Monotherapie zusammen mit Stimmungsstabilisatoren manische Episoden auf, verglichen mit nur 11%. von denen, die zu einer kombinierten Behandlung mit Bupropion ausgewählt wurden (SACHS und andere, 1994 bei CLEMENTE, 2015).

Diese Daten deuten eindeutig darauf hin, dass Trizyklika den Verlauf der BS destabilisieren, wenn sie unter SSRI-Monotherapie zur Erhaltungstherapie der BS eingesetzt werden. In einer einjährigen klinischen Studie zum Vergleich von Lithium, Valproinsäure und Placebo, in der Patienten SSRI wegen depressiver Episoden erhielten, brach jedoch ein signifikant größerer Anteil der Patienten die Studie in der SSRI + Placebo-Gruppe im Vergleich zur SSRI + Valproinsäure-Gruppe ab. Darüber hinaus wird die SSRI-Monotherapie auch für die BS-Behandlung nicht empfohlen. (GYULAI und andere, 2003 bei ebenda).

Intervention	Akute Manie	Akute Depression	Aufrechterhaltung	Studie
Lithium	+	-	+	Geddes u.a., 2004
Valproat	+	-	+*	Bowden u.a., 1994, 2000
Carbamazepin	+	-	+**	Weisler u.a., 2004; Greil u.a., 1997; Hartong u.a., 2003
Antidepressiva	-	+***	-	Gijsman u.a., 2004
Lamotrigin	-	+	+/-	Calabrese u.a. 1999, 2003
Olanzapin	+	-	+	Tohen u.a., 2003
Risperidon	+	-	-	Hirschfeld u.a., 2004
Ziprasidon	+	-	-	Keck u.a., 2003
Aripiprazol	+	-	-	Keck u.a., 2003

+: Wirksamkeitsevidenz; -: keine Hinweise auf Wirksamkeit; **+/-**: nicht wirksam zur Prophylaxe von Manie, aber wirksam zur Prophylaxe von Depressionen; **+ ***: obwohl Valproat wirksam ist, gibt es Hinweise auf eine Überlegenheit von Lithium. **+ ****: obwohl Carbamazepin wirksam ist, gibt es Hinweise auf eine Überlegenheit von Lithium; **+ *****: obwohl Antidepressiva bei der Akutbehandlung von bipolaren Depressionen wirksam sind, können sie die Wende zur Manie oder Verschlechterung bestimmter Zustände auslösen.

Tabelle 7. Monotherapie bei bipolarer Störung: Interventionen auf der Grundlage randomisierter kontrollierter Studien (GOODWIN, 2003, bei KAPCZINSKI, 2009).

Medikamente	Gewichtszunahme	Metabolisches Syndrom	Dislipidemie	Neurologische Wirkungen	Dermatologische Reaktionen
Lithium	++	+	+	-	-
Valproinsäure	+++	+	+	Bei Schwangeren	Ausschlag
Lamotrigin	-	-	-	-	Ausschlag, SSJ, 14 x grösseres Risiko
Carbamazepin	-	-	-	-	Ausschlag, SSJ
Olanzapin	+++	++	OR 1,5	-	-
Quetiapin	++	++	OR 1,4	-	-
Risperidon	++	++	OR 1,5	SEP	-
Ziprasidon	-	-	-	SEP	-
Aripiprazol	-	-	-	-	-
Clozapin	+++	++	OR 1,8	-	-
Atypische	+	+	OR 1,2	SEP	-

+++ = große Wahrscheinlichkeit, - = kleine Wahrscheinlichkeit.

SSJ = Stevens Jonhson-Syndrom. **SEP** = extrapyramidales Syndrom. **OR** = Eintrittswahrscheinlichkeit grösser als 1.

Tabelle 8. Zusammenfassung der Nebenwirkungen von Medikamenten zur BS-Erhaltungstherapie (KETTER, 2010 bei ABP, 2012).

Andere Wirkstoffe

Offene Studien und vorläufige Daten legen die kombinierte Anwendung mit Oxcarbazepin oder Phenytoin nahe. Offene Studien legen auch die Wirksamkeit von mit Topiramat versetzten Stimmungsstabilisatoren oder atypischen Antipsychotika nahe. Die kombinierte Behandlung mit Gabapentin war bei einigen Patienten, die in der akuten Phase auf dieses Mittel ansprachen, wirksam, aber bei 30% der Patienten trat mit der Zeit ein Wirksamkeitsverlust auf. In einer 4-monatigen klinischen Studie verlängerte Omega-3 die Remissionszeit im Vergleich zum Placebo. Flupentixol scheint bei BS-Patienten keine prophylaktische Wirksamkeit zu haben. Wirkstoffe wie Gabapentin, Topiramat und Kalziumkanalblocker wurden für die Anwendung bei der BS untersucht, es liegen jedoch nur unzureichende Daten vor, die eine alleinige Anwendung empfehlen. (Stoll und andere, 1999 bei MACHADO-VIEIRA, 2007).

Der klinische Einsatz von Zytokinen und Neuropeptiden könnte auch potenzielle neue Ziele für die Entwicklung neuer pharmakologischer Therapien für Stimmungsstörungen darstellen. Kürzlich haben spezifische Antagonisten des nicht-peptidergen-Galanin-GAL3

Rezeptors (SNAP-37889 und SNAP-398299) antidepressive Eigenschaften gezeigt, die jedoch durch kontrollierte klinische Studien noch bestätigt werden müssen. Obwohl es an Wiederholung in neuen kontrollierten Studien mangelt, können Phenytoin, Oxcarbazepin, Leviracetam, Topiramat und hohe Dosen der Schilddrüsenpotenzierer therapeutische Auswirkungen auf die BS haben (entweder Manie, Depression oder Erhaltungstherapie) und können möglicherweise auch vielversprechende Potenzierungstherapien für die refraktäre BS darstellen. Weitere wirksame Optionen für behandlungsresistente Fälle sind Monoaminoxidasehemmer.50. Die somatische Behandlung kann auch bei der Behandlung behandlungsresistenter Depressionen eine Rolle spielen, wie etwa die Vagusnervstimulation (VNS) und die transkranielle Magnetstimulation (TMS) und die tiefe Hirnstimulation (ECP). (OGREN, 2006 bei MACHADO-VIEIRA, 2007).

In ähnlicher Weise ist die bipolare Depressionstherapie ein herausforderndes und kritisches Thema und wurde auch mit einer hohen Rate behandlungsresistenter Fälle in Verbindung gebracht. Die Anwendung von Antidepressiva bei bipolarer Depression ist nicht eindeutig belegt. Die Kombination von Antidepressiva und Stimmungsstabilisatoren ist weit verbreitet, aber die geeignete Dosis und Dauer der Behandlung der verschiedenen Wirkstoffe sind nicht klar definiert. Antidepressiva zeigen zwar eine beträchtliche Wirksamkeit bei der bipolaren Depression, können jedoch zu einer Änderung der Polarität und plötzlichen Stimmungsschwankungen führen, wodurch das Risiko von Störungen der schnellen Stimmungsschwankungen und der refraktären Stimmung erhöht wird. Im Allgemeinen wurde vorgeschlagen, Antidepressiva wie Lamotrigin oder Topiramat (in Kombination mit einem Stimmungsstabilisator) als Erstlinientherapie für eine bipolare I-Depression zu verwenden. Zum Beispiel in einer großen, doppelblinden, kontrollierten Studie (n = 191) mit Placebo war Lamotrigin nach sieben Tagen wirksamer antidepressiv als das Placebo. Topiramat zeigte auch eine antidepressive Wirkung bei bipolarer Depression, schnellem Zyklus, akuter Manie und behandlungsresistenten gemischten Episoden. Darüber hinaus wurde die Verwendung einer Kombinationsstrategie mit Antidepressiva und einem atypischen Antipsychotikum befürwortet, es fehlen jedoch überzeugende Daten, die belegen, dass die Kombination wirksamer ist als die Verwendung eines isolierten Antidepressivums. (VIETA, 2002 bei MACHADO-VIEIRA, 2007).

Viele Ansätze wurden für die behandlungsresistente BS vorgeschlagen. Es ist überraschend, dass nur Psychotherapien in groß angelegten kontrollierten klinischen Studien als Zusatzbehandlung mit pharmakologischen Wirkstoffen spezifisch validiert wurden. In den letzten zehn Jahren wurden spezifische psychotherapeutische Ansätze untersucht, darunter Gruppenpsychoedukation, familienorientierte Behandlung (TFF), kognitive Therapie (TC) sowie interpersonelle und soziale Rhythmus-Therapie (TIRS). Diese Ansätze werden gemeinsam getestet, um ihre Wirksamkeit in einem bestimmten Rahmen und den vorgeschlagenen Zielergebnissen zu validieren, einschließlich verringerter Episoden und subsyndromischer Symptome, verbesserter Einhaltung der Behandlung und verbesserter sozialer Funktionen. Bei akuter Manie haben randomisierte, doppelblinde, placebokontrollierte Studien gezeigt, dass Olanzapin und Risperidon in Kombination mit Lithium oder Valproat eine überlegene Verbesserung gegenüber einem isolierten Stimmungsstabilisator hervorrufen. (MACHADO-VIEIRA, 2007).

Über den Autor

Marcus Deminco (Salvador-Bahia, geb. 28. Sep. 76). Brasilianischer

Schriftsteller und Psychologe. Ehrendoktor in Aufmerksamkeitsdefizit-Hyperaktivitätsstörung (ADHS); Praktiker und Tutor für NeuroLinguistische s Programmieren (**NLP**); Autor von wissenschaftlichen Artikeln im Portal der Psychologen. (Die größte Website zum Thema Psychologie in Portugal) Eigentümer mehrerer Phrasen, Texte und Gedanken, die auf Websites und in sozialen Netzwerken geteilt werden, sowie des weit verbreiteten Texts Warum Paulo Coelho lesen? - Vom Schriftsteller Paulo Coelho selbst unter seinen Lesern viel gelobter Text. Marcus Deminco ist auch der Autor der Bücher:

1. Eu & Meu Amigo DDA – Autobiografie eines Menschen mit Aufmerksamkeitsdefizit.

2. Segredo de Clarice Lispector. (Portugiesische Edition)

3. The Secret of Clarice Lispector (Englische Edition)

4. El Secreto de Clarice Lispector (Spanische Edition)

5. Vertygo – O Suicídio de Lukas (Portugiesische Edition)

6. Vertygo – The Suicide of Lukas. (Englische Edition)

7. Helen Palmer – Uma Sombra de Clarice Lispector (Portugiesische Edition)

8. Helen Palmer — A Shadow of Clarice Lispector (Englische Edition)

9. Transtorno Bipolar — Aspectos Gerais (Portugiesische Edition)

10. Bipolar Disorder — General Aspects (Englische Edition)

11. Programação Neurolinguística – Começando pelo começo (Portugiesische Edition)

12. Neuro-Linguistic Programming — Beginning by the Beginning (Englische Edition)

13. Mensagens para Postar, Curtir & Compartilhar. Vol. 1

14. Mensagens para Postar, Curtir & Compartilhar. Vol. 2

15. Mensagens para Postar, Curtir & Compartilhar. Vol. 3

16. Coleção de textos em E-Cards. Vol. 1

17. Coleção de textos em E-Cards. Vol. 2

Preise und Ehrungen

a) Ehrendoktor in ADHS **durch** **die** *Brazilian Association of Psychosomatic Medicine in Anerkennung des wissenschftlichen Beitrags und der sozialen Bedeutung des Buches:* Eu & Meu Amigo **DDA** - Autobiografia de um Portador do Distúrbio do Déficit de Atenção.

b) Autor des Textes "Estafeta Sem Rumo" des | Preises Cecílio Barros Pessoa de Antologia – Academia Cabista de Letras, Artes e Ciências de Arraial do Cabo – RJ.

c) Autor des Textes "Andarilho Peregrino" – einer der Gewinner des Preises Antologia de Poesia Contemporânea "Além da Terra, Além do Céu – Vol. II" — Editora Chiado (Portugal).

d) Einer der ausgewählten Autoren, mit dem Text "A Atormentação Criadora" für den Sarau Brasil 2018 — Nationaler Wettbewerb für neue Dichter - Durchgeführt von der Vivara Editora Nacional.

e) Autor des Textes "Quando as Horas Eram minhas" der Antologia Tempo Insólito der Herausgebergruppe Scortecci;

f) Einer der ausgewählten Autoren, mit dem Text "O Sonho & Seus Pseudônimos" um den 3. Band der Poesia Brasileira Contemporânea zu bilden: "Além da Terra, Além do Céu" – Durchgeführt von der Grupo Editorial Chiado (2018).

g) Autor des Textes "O Valor da Audácia". Ausgewählt für die Antologia Chuva Literária II. Sonderausgabe für die Bienal Internacional do Livro de Pernambuco 2019

h) Autor des Textes Brigando Com Deus Zeitschrift LiteraLivre Volume 3, número 17 – Sept./Okt. 2019 – ISSN 2595-363X

Sprechen Sie mit Marcus Deminco

E-mail: marcusdeminco@gmail.com
Website: http://marcusdeminco.com/
Blog: http://marcusdeminco.blogspot.com.br/
Twitter: https://twitter.com/marcusdeminco
Facebook: https://www.facebook.com/marcus.deminco
Pinterest: https://www.pinterest.com/marcusdeminco/
Instagram: @marcusdeminco
Youtube: https://www.youtube.com/channel/UCRu8yfSoLewjuX6GO6o7Nmw
Tumblr: http://deminco.tumblr.com/
Flickr: https://www.flickr.com/photos/143729713@N06/with/28004881736/
GoodReads: https://www.goodreads.com/author/show/7792932.Marcus_Deminco/
Pensador: https://pensador.uol.com.br/autor/marcus_deminco/

Literaturverzeichnis

ALCANTARA, Igor et al . **Avanços no diagnóstico do transtorno do humor bipolar.** Rev. psiquiatr. Rio Gd. Sul, Porto Alegre , v. 25, supl. 1, p. 22-32, Apr. 2003. Available from <http://www.scielo.br/scielo.php?script=sci_arttext&pid=S0101-81082003000400004&lng=en&nrm=iso>. access on 31 Mar. 2019. http://dx.doi.org/10.1590/S0101-81082003000400004.

ALDA, Martin. Transtorno Bipolar. Rev. Bras. Psiquiatr., São Paulo , v. 21, supl. 2, p. 14-17, Oct. 1999 . Available from <http://www.scielo.br/scielo.php?script=sci_arttext&pid=S1516-44461999000600005&lng=en&nrm=iso>. access on 03 Apr. 2019. http://dx.doi.org/10.1590/S1516-44461999000600005.

ANDREASEN, Nancy, C; BLACK, Donald W. **Introdução a psiquiatria.** Artmed: 2009

Associação Brasileira de Transtorno Bipolar. Disponível em: < http://www.abtb.org.br/transtorno.php >. Acesso em 03 Abr. 2019.

BALDAÇARA, Leonardo. **Transtornos Mentais.** Palmas, 2015.

BALLONE, GJ. **Estabilizadores do Humor.** PsiqWeb. Disponível em www.psiqweb.med.br >. Acesso em 03 Abr. 2019.

BALONNE, GJ. **CID-10 - Classificação Estatística Internacional de Doenças e Problemas Relacionados com a Saúde.** Psi.Web. Disponível em: < http://www.psicologia.com.pt/ >. Acesso em 03 abr. 2019.

BALONNE, GJ. **DSM-V - Manual de Diagnóstico e Estatística das Perturbações Mentais.** Psi.Web. Disponível em: < http://www.psicologia.com.pt/ >. Acesso em 03 Abr. 2019.

BARLOW, David H. DURAND, V. Mark. **Psicopatologia: uma abordagem integrada.** 4ªEd. Trad.: Roberto Galman. São-Paulo: Cengage Learning, 2008.

BOSAIPO NB, BORGES VF, JURUENA MF.**Transtorno Bipolar: uma revisão dos aspectos conceituais e clínicos. Medicina** (Ribeirão Preto, Online.) 2016;50(Supl.1),jan-fev.:72-84. Disponível em:< http://revista.fmrp.usp.br/2017/vol50-Supl-1/SIMP8-Transtorno-Bipolar.pdf>. Acesso em 03 Abr. 2019.

CLEMENTE, Adauto Silva. **Concepções dos psiquiatras sobre o Transtorno Bipolar do humor e sobre o estigma a ele associado.** Belo Horizonte: FIOCRUZ, 2015. Disponível em:<http://www.cpqrr.fiocruz.br/texto-completo/T_82.pdf >. Acesso em 03 Abr. 2019.

DEL PORTO, José Alberto. **Conceito e diagnóstico.** Rev. Bras. Psiquiatr. São Paulo, v. 21, supl. 1, p. 06-11, May 1999. Available from <http://www.scielo.br/scielo.php?script=sci_arttext&pid=S1516-44461999000500003&lng=en&nrm=iso>. access on 31 Mar. 2019. http://dx.doi.org/10.1590/S1516-44461999000500003.

DELGALARRONDO, Paulo. **Psicopatologia e semiologia dos transtornos mentais.** Porto Alegre: ArtMed, 2000.

DEL-PORTO, José Alberto; DEL-PORTO, Kátia Oddone. **História da caracterização nosológica do Transtorno Bipolar.** Rev. psiquiatr. clín., São Paulo , v. 32, supl. 1, p. 7-14, 2005 . Available from <http://www.scielo.br/scielo.php?script=sci_arttext&pid=S0101-60832005000700002&lng=en&nrm=iso>. access on 31 Mar. 2019. http://dx.doi.org/10.1590/S0101-60832005000700002.

Dicionário de Especialidades Farmacêuticas. São Paulo: JBM Farma, 2005.

FLECK, Marcelo P. et al . **Revisão das diretrizes da Associação Médica Brasileira para o tratamento da depressão (Versão integral)**. Rev. Bras. Psiquiatr., São Paulo , v. 31, supl. 1, p. S7-S17, May 2009 . Available from <http://www.scielo.br/scielo.php?script=sci_arttext&pid=S1516-44462009000500003&lng=en&nrm=iso>. access on 03 Apr. 2019. http://dx.doi.org/10.1590/S1516-44462009000500003.

GORENSTEIN, Clarice; SCAVONE, Cristóforo. **Avanços em psicofarmacologia - mecanismos de ação de psicofármacos hoje.** Revista Brasileira de Psiquiatria. Disponível em: < http://www.scielo.br/pdf/rbp/v21n1/v21n1a11.pdf >. Acesso em 03 Abr. 2019.

KAPCZINSKI, Flávio. **Tratamento Farmacológico do Transtorno Bipolar**. Porto Alegre: Revista de Psiquiatria Clínica. Disponível em: < http://www.hcnet.usp.br/ipq/revista/vol32/s1/34.html >. Acesso em 03 Abr. 2019.

KAPCZINSKI, Flávio; QUEVEDO, João et al. **Transtorno Bipolar: Teoria e Clínica**. Porto Alegre: Artmed, 2009.

KNAPP, P.; ISOLAN, L. **Abordagens psicoterápicas no Transtorno Bipolar**. Rev. Psiq. Clín. 32, supl 1; 98-104, 2005. Disponível em: http://www.scielo.br/pdf/rpc/v32s1/24418.pdf>. Acesso em 03 Abr. 2019.

LAMBERT, Kelly. KINSLEY, Craig H. **Neurociência Clínica: as bases neurobiológicas da saúde**. Trad.: Ronaldo Cataldo. Porto Alegre: Artmed, 2006.

LIMA, I.V.M.; Sougey, E.B.; Vallada Filho, H.P. **Genética dos transtornos afetivos**. São Paulo: Rev. Psiq. Clín., 2004.

LOUZÃ e ELKIS. **Psiquiatria Básica**. Artmed, 2007

MACHADO-VIEIRA, Rodrigo; SOARES, Jair C. **Transtornos de humor refratários a tratamento**. Rev. Bras. Psiquiatr., São Paulo , v. 29, supl. 2, p. S48-S54, Oct. 2007 . Available from <http://www.scielo.br/scielo.php?script=sci_arttext&pid=S1516-44462007000600003&lng=en&nrm=iso>. access on 03 Apr. 2019. Epub Aug 13, 2007. http://dx.doi.org/10.1590/S1516-44462006005000058.

MACHADO-VIEIRA, Rodrigo et al . **Neurobiologia do transtorno de humor bipolar e tomada de decisão na abordagem psicofarmacológica**. Rev. psiquiatr. Rio Gd. Sul, Porto Alegre , v. 25, supl. 1, p. 88-105, abr. 2003 . Disponível em <http://www.scielo.br/scielo.php?script=sci_arttext&pid=S0101-81082003000400010&lng=pt&nrm=iso>. acessos em 03 abr. 2019. http://dx.doi.org/10.1590/S0101-81082003000400010.

Manual Diagnóstico e Estatístico de Transtornos Mentais, 5° ed. (APA, 2018)

MEDPLAN. **O tratamento farmacológico do Transtorno Bipolar na infância e na adolescência.** Disponível em: < http://www.medplan.com.br/materias >. Acesso em 03 Abr. 2019.

MORENO, D.H.; MORENO, R.A. Rev. Psiq. Clín. 32, supl 1; 56-62, 2005. **Estados mistos e quadros de ciclagem rápida no Transtorno Bipolar.** Disponível em http://www.scielo.br/pdf/rpc/v32s1/24413.pdf>. Acesso em 03 Abr. 2019.

MORENO, Ricardo. **Novos anticonvulsivantes no tratamento do transtorno do humor bipolar: manejo clínico, eficácia e tolerância.** São Paulo: Revista de Psiquiatria clínica. Disponível em: < http://www.hcnet.usp.br/ipq/revista/vol26/n6/art288.html>. Acesso em 03 Abr. 2019.

MORENO, Ricardo Alberto; MORENO, Doris Hupfeld; RATZKE, Roberto. **Diagnóstico, tratamento e prevenção da mania e da hipomania no Transtorno Bipolar.** Rev. psiquiatr. clín., São Paulo , v. 32, supl. 1, p. 39-48, 2005 . Available from <http://www.scielo.br/scielo.php?script=sci_arttext&pid=S0101-60832005000700007&lng=en&nrm=iso>. access on 03 Apr. 2019. http://dx.doi.org/10.1590/S0101-60832005000700007.

MOTTA, Paulo. **Genética Humana: Aplicada a Psicologia e Toda a Área Biomédica.** Rio de Janeiro: Guanabara Koogan, 2005.

NETO, M. R. Louzã; ELKIS, Hélio. **Psiquiatria Básica.** Porto Alegre: Artmed, 2009.

OPAS (Organização Pan-Americana da Saúde). Disponível em: < http://www.opas.org.br/opas.cfm >. Acesso em 03 Abr. 2019.

RIBEIRO, Marcelo; LARANJEIRA, Ronaldo; CIVIDANES, Giuliana. **Transtorno Bipolar do humor e uso indevido de substâncias psicoativas.** Rev. psiquiatr. clín. São Paulo , v. 32, supl. 1, p. 78-88, 2005 . Available from <http://www.scielo.br/scielo.php?script=sci_arttext&pid=S0101-60832005000700012&lng=en&nrm=iso>. access on 31 Mar. 2019. http://dx.doi.org/10.1590/S0101-60832005000700012.

SANCHES, Rafael F.; ASSUNCAO, Sheila; HETEM, Luiz Alberto B. **Impacto da comorbidade no diagnóstico e tratamento do Transtorno Bipolar.** Rev. psiquiatr. clín. São Paulo , v. 32, supl. 1, p. 71-77, 2005 . Available from <http://www.scielo.br/scielo.php?script=sci_arttext&pid=S0101-60832005000700011&lng=en&nrm=iso>. access on 31 Mar. 2019. http://dx.doi.org/10.1590/S0101-60832005000700011.

SOUZA, F.G.M. **Tratamento do Transtorno Bipolar – Eutimia.** Rev. Psiq. Clín. 32, supl 1; 63-70, 2005. Disponível em:< http://www.scielo.br/pdf/rpc/v32s1/24414.pdf>. Acesso em 03 Abr. 2019.

TENG, Chei Tung; CEZAR, Luiz Teixeira Sperry. **Como Diagnosticar e Tratar Depressão** 2010. Disponível em:<http://www.moreirajr.com.br/revistas.asp?fase=r003&id_materia=4526 >. Acesso em 03 Abr. 2019.

TUNG, T.C. **Enigma Bipolar- Conseqüências, Diagnóstico E Tratamento Do Transtorno Bipolar.** São Paulo: MG Editores, 2007.

VIEIRA, Rodrigo. **As bases neurobiológicas do Transtorno Bipolar.** Porto Alegre: Revista de Psiquiatria Clínica. Disponível em: <http://www.hcnet.usp.br/ipq/revista/vol32/s1/28.html>. Acesso em 03 Abr. 2019.

ZUNG S, MICHELON L, CORDEIRO Q. **O uso do lítio no Transtorno Afetivo Bipolar.** Arq Med Hosp Fac Cienc Med Santa Casa São Paulo. 2010; 55(1):30-7. Disponível em:<http://www.fcmsantacasasp.edu.br/images/Arquivos_medicos/2010/55_1/08_AR3.pdf. >. Acesso em 03 Abr. 2019.